CONTENTS

C4000246

Pre-Lesson

Part A

EXERCISE 1. The Russian (Cyrillic) letters **A a, O o, C c,** and **E e** are written exactly like the corresponding English letters, although their pronunciation in Russian is somewhat different. The major difference in these letters is the way they connect to other letters, so this must be practiced. Repeat the Russian pronunciations of these letters to yourself as you practice them.

Printed	Written
A a	_Аа_ _____
E e	_Ее_ _____
C c	_Сс_ _____
O o	_Оо_ _____
ca co	_ca co_ _____
oa oe	_oa oe_ _____
ce ae	_ce ae_ _____

EXERCISE 2. The letters **K к** and **З з** are very similar to English "K k" and "Z z," both in appearance and in sound. But in Russian, the lowercase letter is a "short" letter (never more than half as tall as the capital letter). Train yourself to write all of these letters by following the examples closely. Pronounce them in Russian as you write.

Printed	Written
K к	_Кк_ _____
З з	_Зз_ _____
Ka За	_Ka За_ _____
ок оз	_ок оз_ _____
за	_за_ _____

EXERCISE 3. The letters **M м**, and **T т** resemble English letters in print and in the way they sound, but their handwritten forms are rather different. The letter **Д д** sounds much like English "D d," but the lowercase letter is written differently. Pay careful attention to the differences as you practice these letters. Be careful to pronounce the letters in Russian when you write them, since this will help you avoid confusing them later.

Printed   Written

M м   _ℳ м_   _____

The Cyrillic letter **M м** must always have an initial "hook" at the beginning, no matter where the letter appears in a word.

Printed   Written

T т   _ℑ т_   _____

Д д   _𝒟 g_   _____

The letter **P p**, although it looks like an English letter, has an entirely different sound in Russian. Be sure to pronounce it as a Russian letter, somewhat like the English "r," when you write it.

Printed   Written

P р   _𝒫 р_   _____

Та   то   _Та то_   _____

те   да   _те да_   _____

до   Ме   _до Ме_   _____

ми   ме   _ми ме_   _____

EXERCISE 4. The letter **Ш ш** is a purely Russian letter and has a sound similar to that of English "sh." The final stroke of this letter (unlike the English letter "W," with which it is sometimes confused) must always return to the baseline.

Printed   Written

Ш ш   _Ш ш_   _____

шк   шо   _шк шо_   _____

ош   аш   _ош аш_   _____

EXERCISE 5.   Now, write your first Russian words: дом (house), ма́ма (mama), and сестра́ (sister). Be careful how you connect the letters. The letter о can be connected to the letter м with an extra line that is drawn separately. The "м" must have an initial "hook." In rapid handwriting, the connecting line before the hook is frequently omitted.

Printed   Written

дом   *дом* _____

ма́ма   *мама* _____

сестра́   *сестра* _____

EXERCISE 6.   Write the Russian words for "doctor," "metro," "motor," "atom," "cosmos," and "act."

_____

_____

_____

Part B

EXERCISE 7.   The letters В в, Н н (in print), and the letter И и (in written form) resemble English letters. The sounds they represent, however, are very different (В в sounds something like an English "V v," while Н н sounds like an English "N n," and the letter И и is pronounced like English "ee.")

Printed   Written

В в   *В в* _____

И и   *И и* _____

Н н   *Н н* _____

Во́ва   *Вова* _____

Ни́на   *Нина* _____

EXERCISE 8.   Practice writing the letters **Г г** and **Л л**. Remember that lowercase **л** is written like a short uppercase letter in Russian, and like **м**, it always has an initial "hook."

Printed   Written

Г г   *Г г* _____

Л л   *Л л* _____

Be careful when connecting **о** and **л**. Remember that **о** cannot be joined directly to **a** following **л** or **м**.

Printed   Written

Гол гол   *Гол гол* _____

EXERCISE 9.   Write these Russian words for rivers.

Printed   Written

Во́лга   *Волга* _____

Дон   *Дон* _____

Ка́ма   *Кама* _____

Ле́на   *Лена* _____

EXERCISE 10.   Write these Russian words for cities.

Printed   Written

Москва́   *Москва* _____

Ленингра́д *Ленинград* _____

Минск   *Минск* _____

Ташке́нт   *Ташкент* _____

EXERCISE 11. Someday you may visit some Russian cities. On the envelopes addressed below, someone forgot to write the name of the country and city. Finish addressing the envelopes by writing city names on the first line, where Russians write them.

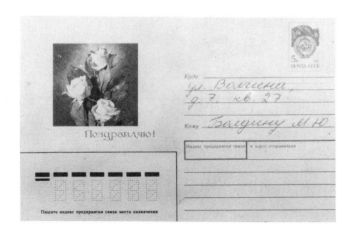

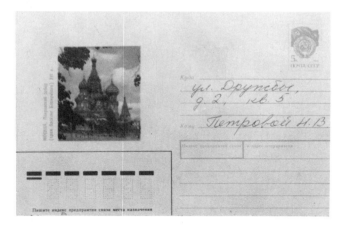

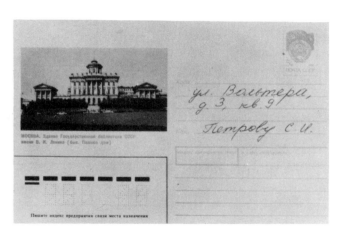

EXERCISE 12. Write the Russian words for "visa," "text," "artist," ("actor"), "director," "general," and "class."

_____

_____

_____

_____

_____

Part C

EXERCISE 13. The Russian letter **П п** does not resemble any English letter in its printed form, while in its written form it resembles an "n." The Russian letter **У у** represents a totally different sound from that of the English letter it resembles. Be sure to say the letters in Russian while writing them.

Printed	Written
П п	_Пп_
У у	_Уу_
па́па	_папа_
ум	_ум_

EXERCISE 14. Write the letters **Б б**, **Ж ж**, and **Я я**.

Printed	Written
Б б	_Бб_
Ж ж	_Жж_
ь	_ь_
Я я	_Яя_

Note that **Я я** (like **Л л** and **М м**) begins with an initial "hook." The letter **Я я** is not only a letter, but it is also the word "I."

EXERCISE 15. Practice writing the following Russian first names.

Ива́н

Яросла́в

О́льга

Екатери́на

Ната́ша

Examine this wordsearch, and find ten of the cognate words from this lesson. Write them in the blanks below. The first and last letters are provided.

п	и	б	а	с	г	с	ф
ж	о	а	р	п	а	п	р
у	б	л	т	е	р	у	п
р	у	е	и	к	а	т	ш
н	к	т	т	т	ж	н	б
а	е	ы	п	а	и	и	а
л	т	б	ю	к	ы	к	г
в	п	у	б	л	и	к	а
и	д	е	я	ь	у	г	ж

1. с … … … … … к
2. п … … … … … а
3. б … … … т
4. п … … … … … а
5. б … … … т
6. г … … … ж
7. с … … … … … … … ь
8. ж … … … … л
9. б … … … .. ж
10. и … … я

EXERCISE 17.

Write the Russian equivalents of the English words "sport," "student," "protest," "post," and "control." In the word "control," Russians pronounce a "soft" (palatalized) л, indicated by a ь (soft sign) after the л. Check the textbook to see whether you have spelled this word correctly.

_____

_____

_____

Part D

EXERCISE 18.

The letter **X x** represents a sound in Russian for which there is no equivalent in English, although it is frequently represented by "kh." The letter **Ч ч** is similar to English "ch." Practice writing these letters.

Printed	Written	
X x	$\mathcal{X}\, x$	_____
Ч ч	$\mathcal{U}\, \eta$	_____
хо ха	$xo\; xa$	_____
ча че	$\eta a\; \eta e$	_____

The Russian letters **Ё ё**, **Й й**, and **Ц ц** have no English equivalents either. Note the diacritical marks on **Ё ё** and **Й й**. When you write the letter **Ц ц**, the descender must be short. Write these letters.

Printed   Written

Ё ё   *Ё ё* _____

Й й   *Й й* _____

Ц ц   *Ц ц* _____

Ца цо   *Ца цо* _____

це   *це* _____

EXERCISE 20.   After you have practiced listening, pronouncing, and guessing the meanings of the cognate words in Reading Practice 2, try to find ten of these words in this wordsearch:

```
а т м а й ц л о н
ц к о н о и х н ц
и б т р ц в о в а
р о е ё и и к х р
р к г в р л к у ь
о с о ь к и е л р
н ё х о р з й и а
о р э й я а к г к
н б о к с ц б а е
а ч е м п и о н т
ш а р м а я о н а
```

1. а ... ... р
2. ц ... ... к
3. б ... ... р
4. ч ... ...н
5. х ... ... н
6. ц ... ... я
7. б ... с
8. х ... ... й
9. х ... р
10. м ... й

EXERCISE 21.   Write these words very carefully.

цивилизáция   _____

чемпиóн   _____

EXERCISE 22.   Write the Russian words for "boxer" and "tsar." Both words are slightly different in Russian. The second vowel in "boxer" is different in English. The last consonant in "tsar" is soft, and you must indicate this when you write the word.

_____

_____

EXERCISE 23.   Write the names of these famous Russians and Americans in Cyrillic script.

Чайко́вский _____

Толсто́й _____

Вашингто́н _____

Линко́льн _____

Part E

EXERCISE 24.   The last Russian letters are **Ф ф**, **Щ щ**, **ъ**, **ы**, **Э э**, and **Ю ю**. These are all different from English letters. Practice writing them.

Printed	Written	
Ф ф	*Ф ф*	_____
Щ щ	*Щ щ*	_____
щи	*щи*	_____
ъ	*ъ*	_____
ы	*ы*	_____
Э э	*Э э*	_____
эр эт	*эр эт*	_____
Ю ю	*Ю ю*	

EXERCISE 25.   In Cyrillic, write the names of these popular sports in Russian.

футбо́л   _____

хокке́й   _____

баскетбо́л   _____

воллейбо́л   _____

EXERCISE 26.   Write the Russian saying „Щи да ка́ша—пи́ща на́ша“.

_____

_____

EXERCISE 27.   Look at Reading Practice 3 in the textbook Pre-Lesson. Choose seven Russian
words you want to learn, and write them. Try to learn them.

_____

_____

_____

EXERCISE 28.   Review the following letters of the Cyrillic alphabet, grouped according to the
way they are written.

a. Three capital letters have only vertical stems and a single horizontal "roof."
They are **Г, П, Т**. Practice writing these letters.

Г _____   П _____   Т _____

The lowercase versions of these letters are also similar.

г _____   п _____   т _____

b. Three letters (**Л л, М м, Я я**) have an initial "hook." Write their uppercase
and lowercase forms.

Л _____   М _____   Я _____

л _____   м _____   я _____

c. Two letters (**Ц ц, Щ щ**) have short "tails" that extend slightly below the baseline in both upper- and lowercase forms.

Ц _____   ц _____

Щ _____   щ _____

d. The capital letters **З** and **У** are written entirely above the baseline.

З _____   У _____

EXERCISE 29.   There are some letters of the Russian alphabet that are particularly confusing for English speakers. Review these letters.

a. Special care must be taken to write the letters **З** and **Э** without confusing them.

З _____   з _____

Э _____   э _____

b. Lowercase letters **в, ь, ы** and **ъ** must be written carefully.

в _____   ь _____

ы _____   ъ _____

c. The letter **и** is a vowel, while the letter **й** is a consonant. Be careful to write these letters differently.

и _____   й _____

d. Е е and Ё ё represent distinctly different vowel sounds.

Е е _____   Ё ё _____

e. Be careful to write the consonant **Н н** and the vowel **Ю ю** differently.

Н _____   н _____

Ю _____   ю _____

f. Be careful to write **ц**, **и**, and **м** differently.

Ц _____   Ц _____

И _____   И _____

М _____   М _____

g. Л, **и**, and **ш** must also be written differently.

Л _____   Л _____

И _____   И _____

Ш _____   Ш _____

УРОК 1 (Первый урок)

Здравствуйте. Как вас зовут?

Part A

EXERCISE 1.   Write the Cyrillic letter **M** in the space provided if the name belongs to a boy (**ма́льчик**), or **Д** if it is a girl's (**де́вочка**) name.

1. _____ Никола́й (Ко́ля)   5. _____ Мари́на

2. _____ Еле́на (Ле́на)   6. _____ Екатери́на (Ка́тя)

3. _____ Влади́мир (Воло́дя)   7. _____ Ви́ктор (Ви́тя)

4. _____ Татья́на (Та́ня)   8. _____ Алекса́ндр (Са́ша)

EXERCISE 2.   You should use patronymics when meeting Russian adults. Practice writing patronymics, and then read the first name and patronymic combinations.

Father's First Name	First Name	Patronymic
Бори́с	Игорь	1. _____
Анто́н	Светла́на	2. _____
Пётр	Валенти́н	3. _____
Ви́ктор	Рома́н	4. _____
Ива́н	Ни́на	5. _____
Пётр	Анна	6. _____
Никола́й	Юрий	7. _____

EXERCISE 3.   Write in **Здра́вствуй!** or **Здра́вствуйте!**, as appropriate.

1. _____ , Ива́н Никола́евич!

2. _____ , Ната́ша!

3. _____ , Игорь!

4. _____ , Ле́на!

5. _____ , Ве́ра Ива́новна!

6. _____ , Игорь Петро́вич!

7. _____ , Анна Анто́новна!

8. _____ , Пе́тя!

EXERCISE 4.   From the first names, patronymics, and last names given below, form the full names of three men and three women.

Козло́в, Я́блочкина, Никола́й, Петро́вич, Во́лков, Ольга, Алекса́ндр, Петро́вна, Ири́на, Ры́жиков, Ива́нович, Кири́лл, Фёдорович, Черно́ва, Алекса́ндровна, Па́вловна, Но́викова, Ни́на.

Men

1. _____

_____

2. _____

_____

3. _____

_____

Women

1. _____

_____

2. _____

_____

3. _____

_____

EXERCISE 5.   Here are two children and two adults. Give them Russian names.

1. _____   2. _____

3. _____   4. _____

EXERCISE 6.   Read these dialogues, and answer the questions: **Да** or **Нет**.

—Приве́т, Ната́ша!

—Здра́вствуйте, Бори́с!

—Как дела́, Ната́ша?

—Хорошо́. Спаси́бо, Бори́с.

—Пока́, Ната́ша.

—До свида́ния, Бори́с.

1. Does Boris consider Natasha his close friend?

_____

2. Does Natasha consider Boris her close friend?

_____

EXERCISE 7.   Write in **тебя** or **вас** as appropriate.

1. — Как _____ зовут?

— Меня зовут Олег.

2. — Как _____ зовут?

— Меня зовут Татьяна Ивановна.

3. — Как _____ зовут?

— Меня зовут Наташа.

4. — Как _____ зовут?

— Меня зовут Игорь Фёдорович.

EXERCISE 8.   Bob wants to introduce himself to the girl sitting next to him on the bench. What should he say to make a good impression? Write a dialogue.

_____

_____

_____

_____

EXERCISE 9.   Write a short conversation with **Алекса́ндр Петро́вич.**

You: It's morning. You greet **Алекса́ндр Петро́вич.**

_____

А.П.: **Алекса́ндр Петро́вич** greets you and asks your name.

_____

You: You give your name and say goodbye to **Алекса́ндр Петро́вич** (since you are on your way to class).

_____

А.П.: **Алекса́ндр Петро́вич** says goodbye.

_____

Part C

EXERCISE 10.   Write appropriate answers to these questions.

1. — Это Ира?

   — Да, _____ .

2. — Это Ко́ля?

   — Нет, _____ .

3. — Это Пётр Ива́нович?

   — Да, _____ .

4. — Это Тама́ра Петро́вна?

   — Нет, _____ .

5. — Это Рома́н и Ка́тя?

   — Да, _____ .

6. — Это Са́ша и Та́ня?

   — Нет, _____ .

EXERCISE 11.   Complete the dialogues.

— Это Петербург?

— Нет, это _____ .

— Это шкóла?

— Нет, это _____ .

— Это проспéкт Мúра?

— Да, это _____ .

EXERCISE 12.   Unscramble each of the following words. *Clue:* they can be used in conversation between two close friends.

1. _____ рошохо

2. _____ ветпри

3. _____ ладе акк

4. _____ всияианд од

5. _____ аокп

6. _____ асипбсо

7. _____ зйдруавств

```
р  у  в  ь  д  ы
в  д  о  ф  у  ч
р  е  б  я  т  а
п  н  ч  ж  р  ц
г  ь  ы  е  о  л
я  й  х  а  р  л
```

1. р ... ... а
2. у ... ... о
3. д ... ... ь
4. в ... ... р

```
и  ц  з  ч  л  о
т  и  о  к  я  м
ф  ш  в  а  с  е
м  л  у  к  х  н
з  и  т  е  б  я
```

1. з ... ... т
2. м ... ... я
3. т ... ... я
4. в ... с
5. к ... к

```
п  д  р  и  к
ы  о  ж  ы  с
н  с  к  ч  т
е  в  ц  а  у
т  и  м  з  д
ч  д  а  ц  е
я  а  х  а  н
ц  н  у  х  т
к  и  е  ф  ю
п  я  л  м  и
```

1. н ... т
2. п ... ... а
3. д ...
4. с ... ... т
5. д ...   с ... ... я

```
ы  д  п  г  ф  и
к  з  ж  й  п  н
п  д  ч  т  р  с
х  р  н  т  о  т
я  а  и  щ  с  и
ц  в  у  в  п  т
о  с  ф  л  е  у
ю  т  е  р  к  т
х  в  п  с  т  я
г  у  й  з  у  ч
у  й  х  в  с  е
```

1. и ... ... т
2. п ... ... т
3. п ... ... т
4. з ... ... й

УРОК 2 (Второй урок)

Кто это? Что это?

Part A

EXERCISE 1.   Complete the following dialogues by giving the names of the people the speakers are talking about, as shown in the example.

— Кто э́то?
— Э́то ру́сский. Его́ зову́т Ви́ктор.

1. — Кто э́то?
   — Э́то ру́сская.   _____

2. — Кто э́то?
   — Э́то америка́нец.   _____

3. — Кто э́то?
   — Э́то америка́нка.   _____

4 — Кто э́то?
   — Э́то ру́сский.   _____

5. — Кто э́то?
   — Э́то студе́нт.   _____

EXERCISE 2.   Write sentences giving names to these pet animals. Remember that **собака** is feminine, but that **кот, попугай,** and **медве́дь** are masculine.

— Кто э́то?
— Э́то кот. Его́ зову́т Ба́рсик.

1. — Кто э́то?
   — Э́то кот.   _____

2. — Кто э́то?
   — Э́то соба́ка.   _____

3. — Кто э́то?
   — Э́то попуга́й.   _____

4. — Кто э́то?
   — Э́то медве́дь.   _____

EXERCISE 3. Write a scene introducing characters for your "Great American Student's Novel in Russian," which takes place in the U.S.A. and features **Мáша, Лю́ба, Гáрри** (Harry), and **Хéлен** (Helen).

_____

_____

_____

_____

_____

_____

Part B

EXERCISE 4. Read each answer, and fill in the blanks with the interrogative words **Кто?** or **Что?**, depending on the meaning of the sentence.

1. _____ э́то?

   — Э́то америкáнец.

2. _____ э́то?

   — Э́то спортзáл.

3. _____ э́то?

   — Э́то собáка.

4. _____ э́то?

   — Э́то кóшка.

5. _____ э́то?

   — Э́то словáрь.

6. _____ э́то?

   — Э́то карандáш.

Each speaker below has a mistaken idea about someone or something. Give them the correct answers, as shown in the example.

— Это Антóн?
— Нет, э́то не Антóн, э́то Пáвлик.

1. — Это Натáша?

_____

2. — Это америкáнец?

_____

3. — Это Кóстя?

_____

4. — Это Ира?

_____

5. — Это Ромáн?

_____

6. — Это Нина Петрóвна?

_____

7. — Это шкóла?

_____

8. — Это учéбник?

_____

9. — Это рýчка?

_____

10. — Это журнáл?

_____

11. — Это собáка?

_____

Part C

EXERCISE 6.   Think of situations in which you might be asked these questions. Answer them by writing **Вот он, Вот она́, Вот они́,** as appropriate.

1. — Где Ни́на?

_____

2. — Где шко́ла?

_____

3. — Где Анто́н и Ко́ля?

_____

4. — Где спортза́л?

_____

5. — Где стадио́н?

_____

6. — Где буфе́т?

_____

7. — Где И́горь?

_____

8. — Где О́ля и Та́ня?

_____

EXERCISE 7.   You should know all or most of these Russian words without looking them up. Write the Russian word, and check the columns below to show the gender of each word and whether it answers the questions **Кто?** or **Что?** The first two are done for you as an example.

		он?	она́?	оно́?	кто?	что?
1. Nina	_Ни́на_					
2. hare	_за́яц_					
3. textbook	_____					
4. glossary	_____					
5. notebook	_____					
6. bag	_____					
7. newspaper	_____					
8. magazine	_____					
9. exercise	_____					
10. window	_____					
11. city	_____					
12. letter	_____					
13. wolf	_____					

EXERCISE 8.   **Гле Антóн? Нúна? Дúна? Ивáн?** Look at the picture and answer.

1. _____   3. _____

2. _____   4. _____

EXERCISE 9.   Continue to write scenes from your "Great American Student's Novel in Russian."
Follow the guidelines given here in English.

1. Harry asks whether the girl he has noticed is Russian or American.

_____

2. **Мáша** answers him that the girl is Russian.

_____

3. Harry asks her name.

_____

4. **Мáша** introduces Harry to **Лю́ба**.

_____

5. Harry says hello and adds that he is very pleased to meet her.

_____

Wordsearches. Find the Russian words hidden in these puzzles. The first and last letters of each word are given. Complete the spelling of the words as you find the answers.

```
т  л  е  ш  м  д  ж  в
б  е  с  у  м  к  а  ф
ы  а  т  е  ц  и  о  г
ф  е  ш  р  у  ч  к  а
с  л  о  в  а  р  ь  з
л  а  м  п  а  д  х  е
ч  щ  ц  у  а  р  ь  т
у  ч  е  б  н  и  к  а
```

1. р ... ... а
2. т ... ... ь
3. у ... ... к
4. с ... ... ь
5. с ... ... а
6. л ... ... а
7. г ... ... а

```
л  а  п  ц  э  ж  я  з  д  ф  а
ы  а  э  ч  р  д  с  к  ь  ч  п
ц  и  б  д  ц  о  я  б  з  с  п
е  с  т  о  л  ы  ц  у  р  в  я
х  в  ч  с  р  к  ц  ф  ч  д  л
я  а  г  к  у  а  ц  е  к  л  ы
х  к  л  а  с  с  т  т  ч  т  с
й  п  г  ы  з  ы  т  о  й  ч  л
у  ч  ж  к  ц  у  п  й  р  с  м
с  п  о  р  т  з  а  л  ч  и  к
х  ш  к  ц  с  й  ю  р  у  ф  я
```

1. л ... ... я
2. д ... ... а
3. к ... ... с
4. с ... ... л
5. с ... ... л
6. б ... ... т

EXERCISE 11. Write three short lines of dialogue for use in your "Great American Student's Novel in Russian."

1. You are at a party but don't see **Ната́ша,** although she's there. You ask:

   _____

2. You are on Red Square and can't spot Bill and Mary in the crowd. You ask:

   _____

3. You ask:

   _____

_____

A wordsearch is an excellent tool for helping you learn and remember new words. The first and last letters of each word are given. Write the missing letters as you find the words.

```
у  ч  е  б  н  и  к  в  ч  б  щ
к  п  р  и  я  т  н  о  р  я  м
м  а  ы  з  ы  з  ж  н  у  б  о
о  ч  к  е  г  о  м  а  с  о  р
к  ч  т  ё  т  в  ы  ц  с  н  е
н  ж  й  о  р  у  с  с  к  и  й
о  ч  е  н  ь  т  я  с  а  о  м
ш  к  о  л  а  м  е  н  я  х  в
ы  а  м  е  р  и  к  а  н  к  а
п  о  н  о  ч  о  р  у  ч  к  а
```

1. п … … … … о
2. р … … … … … й
3. а … … … … … … … … а
4. р … … … … … я
5. у … … … … … … к
6. ш … … … а
7. р … … … а
8. ч … о
9. к … к
10. о … и
11. е … о
12. о … а
13. е …
14. о … … … ь
15. м … … я
16. з … … … т
17. о … … о
18. о … о

```
к  л  а  с  с  ч  о  н  и  е
с  а  с  о  л  н  ц  е  ю  т
у  п  р  а  ж  н  е  н  и  е
ж  т  у  а  л  е  т  г  о  т
д  н  е  в  н  и  к  д  з  р
ц  а  ч  р  д  д  у  е  е  а
с  п  о  р  т  з  а  л  р  д
д  я  н  ц  о  ю  е  ш  о  ь
а  м  е  р  и  к  а  н  е  ц
```

1. т … … … … … ь
2. д … … … … … к
3. к … … … с
4. т … … … … т
5. с … … … … … … л
6. у … … … … … … … … … е
7. к … … … … … … … ш
8. а … … … … … … … … … ц
9. о …
10. о … и
11. о … … … о
12. с … … … … е

УРОК 3 (Третий урок)

Наша семья.

Part A

EXERCISE 1.   Write in the possessive adjectives: **мой, моя, мой, наш, на́ша, на́ше**, as appropriate.

— Ни́на, э́то твоя́ кни́га?
— Нет, не моя́.

1. — Ната́ша и Игна́т, э́то ваш дом?

   — Да, _____

2. — Па́вел, э́то твоё **пальто́** (overcoat)?

   — Да, _____

3. — Ребя́та, э́то мои́ журна́лы?

   — Нет, не _____

4. — Ма́ша, э́то твоя́ шко́ла?

   — Да, _____

5. — Ребя́та, э́то ва́ша маши́на?

   — Нет, не _____

6. — Э́то твои́ чемода́ны?

   — Нет, не _____

7. — Ребя́та, э́то наш авто́бус?

   — Нет, не _____

8. — Анто́н, э́то твой уче́бник?

   — Да, _____

EXERCISE 2.   Practice the forms of possessive adjectives by completing the answers in these dialogues.

1. _____ а́дрес	9. _____ каранда́ш	17. _____ портре́т
2. _____ бага́ж	10. _____ ко́мната	18. _____ ру́чка
3. _____ ва́за	11. _____ костю́м	19. _____ секре́т
4. _____ газе́та	12. _____ ко́шка	20. _____ соба́ка
5. _____ го́род	13. _____ магази́н	21. _____ тетра́дь
6. _____ дом	14. _____ окно́	22. _____ уче́бник
7. _____ журна́л	15. _____ о́фис	23. _____ шко́ла
8. _____ иде́я	16. _____ письмо́	24. _____ хор

EXERCISE 3.   Fill in the blanks.

1. Это _____ брат. _____ зовут Игорь.

2. Это _____ бабушка. _____ зовут Нина Ивановна.

3. Это _____ папа. _____ зовут Николай Петрович.

4. Это _____ сестра. _____ зовут Наташа.

5. — Это _____ сестра?

   — Да, это моя сестра.

   — Как _____ зовут?

   — _____ зовут Надя.

6. — Это _____ учитель?

   — Да, это наш учитель.

   — _____ его зовут?

   — _____ зовут Антон Павлович.

EXERCISE 4.

Introduce an imaginary family as if it were your own. Draw them in the frames provided, if you wish. If you need more space, add a page. Write the American names in Cyrillic, and use these Russian words appropriately: **мой, моя, мой, и, наша семья.**

_____

_____

_____

_____

Это _____ .

Part B

EXERCISE 5.　Write in **в** or **на** as needed to give locations.

Мой брат _____ институ́те. Моя́ ма́ма _____ апте́ке. Моя́ сестра́ _____ шко́ле.

Мой па́па _____ фи́рме. Мой де́душка _____ о́фисе. А я — до́ма.

EXERCISE 6.　Explain where each person is.

Наде́жда Анто́новна — инжене́р. Она́ на заво́де.

1. Оле́г — шко́льник.

_____

2. Валенти́н Ива́нович — ма́стер.

_____

3. Тама́ра Петро́вна — врач.

_____

4. Ни́на — студе́нтка.

_____

5. Арка́дий Ви́кторович — арти́ст.

_____

EXERCISE 7.   Answer the question Где _____ ? Where possible, use the word тóже.

EXERCISE 8.   Imagine that you are the leader of a student delegation in Moscow. The members of your delegation are in different parts of the city. Where are they?

Джон _на фáбрике._

Марк _____ . Мэри _____ .

Хéлен _____ . Лиза _____ .

Боб _____ . Гéнри _____ .

Part C

EXERCISE 9.   Rewrite these sentences using the word тóже before the verb. Read the new sentences, and be sure you understand each of them.

— Я знáю, где он.
— Я тóже знáю, где он.

— Ты знáешь, что это.

_____

— Он знáет, где твоя книга.

_____

— Мы знáем, где Виктор.

_____

— Вы зна́ете, кто он.

_____

— Они́ зна́ют, что э́то.

_____

EXERCISE 10.   Write sentences using some of these words.

1. я	зна́ете	где	апте́ка
2. ты не	зна́ю	где	магази́н
3. вы	зна́ешь	кто	э́то

1. _____

2. _____

3. _____

EXERCISE 11.   Give both affirmative and negative answers to each question. Think of real situations for such dialogues.

— Ты зна́ешь, где по́чта?
— Да, я зна́ю, где по́чта.
— Нет, я не зна́ю, где по́чта.

1. — Вы зна́ете, где телефо́н?

_____

_____

2. — Вы зна́ете, что э́то?

_____

_____

3. — Ты зна́ешь, кто э́то?

_____

_____

4. — Ты зна́ешь, где стадио́н?

_____

_____

EXERCISE 12.   Write in the appropriate form of the verb **знать**, and give the noun for each drawing.

Я не зна́ю, где моя́ газе́та.

1. Ты не _____ , где моя́ _____ ?

2. Вы не _____ , где моя́ _____ ?

3. Мы не _____ , где твой _____ .

4. Он не _____ , где моя́ _____ .

5. Они́ не _____ , где наш _____ .

EXERCISE 13.   As the future author of the "Great American Student's Novel in Russian," you need to develop descriptive skills. Write a description of your family in Russian.

_____

_____

_____

_____

_____

EXERCISE 14.   The words in this puzzle refer to occupations or family relations. Read left to right, up, down, or diagonally. The first and last letters of each word are given. Write the missing letters as you find the words.

м	ы	с	л	в	м	у	ж	ф	с	э
е	б	я	п	й	р	ц	к	и	в	б
н	а	д	в	о	к	а	т	з	и	а
е	в	с	ы	н	р	а	ч	и	н	б
д	н	о	т	е	ц	т	ф	к	ж	у
ж	у	р	н	а	л	и	с	т	е	ш
е	к	ж	е	н	а	ы	й	м	н	к
р	с	т	у	д	е	н	т	у	е	а
а	р	х	и	т	е	к	т	о	р	н

1. с ... ... н
2. и ... ... р
3. ж ... ... т
4. а ... ... р
5. м ... ... р
6. а ... ... т
7. с ... ... т
8. б ... ... а
9. ф ... ... к
10. в ... ... ч
11. о ... ... ц
12. в ... ... к
13. м ... ж
14. ж ... ... а
15. с ... н

In this puzzle, look for words that name places.

```
о  у  л  и  ц  а  ф  и  р  м  а
к  ф  а  б  р  и  к  а  т  в  ж
л  а  п  т  е  к  а  у  е  о  с
у  д  э  а  р  ф  т  з  а  ц  а
б  о  л  ь  н  и  ц  а  т  т  о
а  м  ю  н  т  к  о  в  р  р  о
н  ф  п  с  щ  о  х  о  л  ё  ф
к  и  н  о  м  т  п  д  п  о  и
к  и  м  а  г  а  з  и  н  ц  с
```

1. и … … … … … … т
2. б … … … … … … а
3. ф … … … … … а
4. т … … … р
5. а … … … … а
6. м … … … … … н
7. у … … … а
8. к … … о
9. к … … б
10. д … м
11. ф … … … а
12. б … … к
13. о … … с

УРОК 4 (Четвёртый урок)

Где что находится?

Part A

EXERCISE 1. Imagine that you work in an information booth. Four people ask you for information. Write addresses and phone numbers for them.

— Где нахо́дится универма́г «Москва́»?

_____

_____

_____

СПРАВОЧНОЕ БЮРО

Универмаг „Москва" – Ленинский проспект 54, телефон 137-00-18

— Где нахо́дится рестора́н «Арба́т»?

_____

_____

_____

СПРАВОЧНОЕ БЮРО

Ресторан „Арбат" – Новый Арбат – ... 29, телефон 291-14-45

— Где нахо́дится гости́ница «Минск»?

_____

_____

_____

СПРАВОЧНОЕ БЮРО

Гостиница „Минск" – Тверская улица 22, телефон 299-12-11

— Где нахо́дится Истори́ческий музе́й?

_____

_____

_____

СПРАВОЧНОЕ БЮРО

Государственный исторический музей – Красная площадь 1/2, телефон 221-43-11

EXERCISE 2.   When you are in Russia, you will often use the phrase **Где находится** _____ ?
Practice saying and writing questions and answers using the places indicated in the drawings below.

_____   _____

_____   _____

_____   _____

_____

_____

_____

EXERCISE 3.   Complete this wordsearch by finding the fourteen words below.

к	я	и	н	с	т	и	т	у	т
б	и	б	л	и	о	т	е	к	а
т	у	н	и	в	е	р	м	а	г
е	ш	с	о	п	а	р	к	х	п
п	р	е	с	т	о	р	а	н	л
о	м	к	а	ф	е	е	ч	с	о
ч	у	ш	к	о	л	а	т	ч	щ
т	з	т	е	а	т	р	т	а	а
а	е	у	л	и	ц	а	х	р	д
ф	й	с	т	а	д	и	о	н	ь

1. б … … … … … … … … а
2. к … … … … … … … р
3. у … … … … … … … г
4. р … … … … … … н
5. п … … … … … ь
6. и … … … … … … т
7. с … … … … … н
8. у … … … а
9. п … … … а
10. ш … … … а
11. т … … … р
12. к … … е
13. м … … … й
14. п … … к

EXERCISE 4.   Indicate the gender of each noun by checking the appropriate column. Then write its nominative plural.

	он?	она́?	оно́?	они́?
америка́нец	+			*америка́нцы*
1. кни́га				_____
2. письмо́				_____
3. журна́л				_____
4. класс				_____
5. упражне́ние				_____
6. слова́рь				_____
7. тетра́дь				_____
8. пло́щадь				_____
9. у́лица				_____
10. проспе́кт				_____
11. магази́н				_____
12. сувени́р				_____
13. теа́тр				_____
14. каранда́ш				_____
15. окно́				_____

Part B

EXERCISE 5.   You are trying to clean up your room. You have decided that one way of doing this is to make signs indicating where to put things. Make your signs in Russian. To remind yourself of things to organize, here are blank signs with English cues.

(pencils)   (pens)   (notebooks)

(dictionaries)   (souvenirs)   (postcards)

(envelopes)   (stamps)   (letters)

Part C

EXERCISE 6.   For each verb, write in the correct pronoun—я, ты, он, мы, вы, они́.

1. _____ зна́ешь   4. _____ зна́ет

2. _____ живём   5. _____ зна́ете

3. _____ живу́   6. _____ живу́т

EXERCISE 7.   Complete these sentences in as many different ways as you can.

1.

Я живу́ _____ . Мы живём _____ .

Ты живёшь _____ ? Вы живёте _____ .

Он живёт _____ . Они́ живу́т _____ .

2.

Я не зна́ю, где нахо́дится _____ .

Ты не зна́ешь, где _____ ?

Она́ зна́ет, кто _____ .

Мы зна́ем, что _____ .

Вы зна́ете, что _____ ?

Они́ не зна́ют, где _____ .

EXERCISE 8.   Fill in the missing words.

1. — Где ты _____ ?

   — Я живу́ на проспе́кте Ле́нина.

2. — Это _____ брат?

   — Да, э́то мой брат.

3. — Вы не _____ , где нахо́дится магази́н «Москви́чка»?

   — Извини́те, не зна́ю.

4. — Скажи́те, пожа́луйста, где _____ кинотеа́тр «Росси́я»?

   — На Пу́шкинской пло́щади.

   — Спаси́бо.

EXERCISE 9.   Answer these questions. Begin your answers with Да, . . .   or Нет, . . .

1. — Вы живёте в Нью-Йо́рке?

   _____

2. — Ты живёшь в Балтимо́ре?

   _____

3. — Твой друг живёт в Сент-Лу́исе?

   _____

4. — Ми́ша и Ма́ша живу́т в Ки́еве?

   _____

EXERCISE 10.   Correctly address this letter to Russia.

Куда: Россия, 117311,
       г. Ростов-на-Дону,
       Новая улица,
       дом 320, кв. 5

Кому: Ветрову Мише

_____
117311 — postal code
кв. — apartment

КУДА_____

_____

_____

КОМУ_____

This is where Russians write the return address. You don't
need to write it now.

EXERCISE 11.   Another wordsearch.

```
п о ж а л у й с т а о х
н к а р т а п к а д т с
а с т о л и ц а к р в п
х ц з д е с ь ж а е е р
о ж и т ь п р и ф с ч а
д и з в и н и т е ц а ш
и ы в а м у з е й е т и
т е л е ф о н ц л н ь в
с п р о с п е к т т а а
я к в а р т и р а р о т
г о с т и н и ц а ц ы ь
о у м и л и ц и о н е р
х ф а м и л и я г а ц л
```

1. п ... ... а
2. с ... ... е
3. и ... ... е
4. н ... ... я
5. м ... ... р
6. с ... ... ь
7. г ... ... а
8. к ... ... а
9. т ... ... н
10. ф ... ... я
11. о ... ... ь
12. п ... ... т
13. с ... ... а
14. ц ... ... р
15. м ... ... й
16. к ... ... а
17. з ... ... ь
18. ж ... ... ь
19. а ... ... с

EXERCISE 12.   Complete this crossword puzzle with the present-tense forms of the verb жить.

EXERCISE 13.   The buildings in the illustration below are all on the border between Europe and Asia. Answer the following questions, saying which continent each building is on.

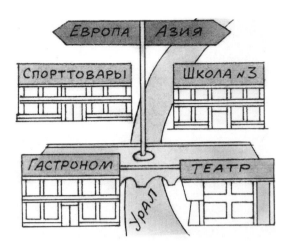

1. — Где нахо́дится теа́тр?

_____

2. — Где нахо́дится магази́н «Спорттова́ры»?

_____

3. — Где нахо́дится шко́ла №3?

_____

4. — Где нахо́дится гастроно́м?

_____

УРОК 5 (Пятый урок)

Review of Lessons 1—4.

EXERCISE 1. These are pictures of Russians with some friends from other countries. Give them names.

1. _____

2. _____

3. _____

4. _____

EXERCISE 2. Write in the pronouns **меня, тебя, вас, его, её,** as appropriate.

1. — _____ зову́т Ви́ктор. А _____ ?

   — _____ зову́т На́дя.

2. — Это мой де́душка. _____ зову́т Дми́трий Ива́нович. А э́то моя́

   ба́бушка. _____ зову́т Анна Петро́вна.

3. — Это наш кот. _____ зову́т Ти́хон. А э́то на́ша соба́ка. _____

   зову́т Рекс.

4. — Это на́ша учи́тельница. _____ зову́т Алекса́ндра Фёдоровна.

5. — Это мой брат. _____ зову́т Рома́н.

6. — Как _____ зову́т?

   — _____ зову́т Оле́г Бори́сович.

EXERCISE 3.   The following last names (given first) are written correctly, but there are mistakes in the first names and patronymics. Write them correctly.

1. Волков Александра Николаевич _____

2. Петрова Валентин Борисовна _____

3. Зайцев Игорь Степановна _____

4. Новикова Нина Иванович _____

5. Смирнов Валентина Степанович _____

6. Чернова Александр Ивановна _____

EXERCISE 4.   Write the Russian equivalents of these nouns in the appropriate columns. In the last column, write the personal pronoun used to replace the noun.

	кто?	что?	он, она, оно?
school	_____	_____	_____
plant, factory	_____	_____	_____
library	_____	_____	_____
store	_____	_____	_____
street	_____	_____	_____
letter	_____	_____	_____
lesson	_____	_____	_____
student	_____	_____	_____
sister	_____	_____	_____
brother	_____	_____	_____
teacher	_____	_____	_____
post office	_____	_____	_____
square	_____	_____	_____
book	_____	_____	_____
textbook	_____	_____	_____

EXERCISE 5.   Answer the following questions in the negative.

— Это шко́ла?

— Нет, э́то не шко́ла. (Нет, э́то не шко́ла, э́то институ́т.)

1. — Вы зна́ете, где нахо́дится по́чта?

_____

2. — Это твой слова́рь?

_____

3. — Ка́тя живёт здесь?

_____

4. — Магази́н нахо́дится на пло́щади Побе́ды?

_____

5. — Это институ́т?

_____

6. — Го́род Магнитого́рск нахо́дится в Сиби́ри?

_____

EXERCISE 6.   Respond to the following questions as if they were addressed to you personally. Answer in complete sentences.

— Это твоя́ семья́?

_____

— Кто э́то? Де́душка?

_____

— Это твой па́па?

_____

— Это твой брат и сестра́?

_____

— А кто э́то, ко́шка?

_____

— А кто ты?

_____

— Твой па́па ру́сский?

_____

— Где твой брат?

_____

EXERCISE 7.   Select five of the objects below, and write sentences expressing what you or people in your family have.

1. _____   6. _____

2. _____   7. _____

3. _____   8. _____

4. _____   9. _____

5. _____

EXERCISE 8.   Your Russian friends are telling you what the members of their families do for a living. Complete their statements by saying where they work.

1. Мой па́па инжене́р. (заво́д)

_____

2. Мой брат адвока́т. (Москва́)

_____

3. Моя́ мама́ учи́тельница. (шко́ла)

_____

4. Моя́ сестра́ врач. (больни́ца)

_____

5. Мой де́душка ма́стер. (фи́рма)

_____

EXERCISE 9.   Respond to these questions as if they were addressed to you personally. Answer them as completely as you can.

1. — Где ты живёшь?

_____

2. — Где нахо́дится шко́ла?

_____

3. — Где нахо́дится библиоте́ка?

_____

4. — Где нахо́дится теа́тр?

_____

5. — Где нахо́дится по́чта?

_____

EXERCISE 10. Write brief dialogues in Russian for the following situations:

1. You are on your way to the Hotel Minsk in Moscow. When you lose your way, you approach a militiaman for assistance.

_____

_____

2. You ask a passerby where the **«Сувениры»** store is located.

_____

_____

EXERCISE 11. **Что э́то? Кто э́то?** Fill in the missing words in Russian.

1. A _____ contains the words of a language.

2. A _____ (book) makes it easier to study Russian.

3. You look through a _____ to see what the weather is like.

4. The daily news is found in a _____ .

5. Some favorite pets are _____ and _____ .

6. You live with your family in a _____ .

7. You write with a _____ .

8. You write in a _____ .

9. You buy things in a _____ .

EXERCISE 12. The vowels are omitted in the following words. Fill in the missing letters.

1. ... д в ... к ... т

2. ... д р ... с

3. а ... т ... р

4. ... м ... р ... к ... н ... ц

5. ... м ... р ... к ... н к ...

6. б ... б л ... ... т ... к ...

7. б ... л ь н ... ц ...

8. б р ... т

9. г ... с т ... н ... ц ...

10. д ... д ... ш к ...

11. д н ... в н ... к

12. ж ... н ...

13. ж ... р н ... л

14. з д р ... в с т в ... й т ...

15. ... н ж ... н ... р

16. к ... р т ...

17. с т ... д ... ... н

18. т ... ... т р

19. к в ... р т ... р ...

20. к ... н в ... р т

21. к ... ш к ...

22. л ... м п ...

23. м ... г ... з ... н

24. м ... т ь

25. м ... з ... й

26. н ... ч ... г ...

27. ... т ... ц

28. п ... с ь м ...

29. п л ... х ...

30. п л ... щ ... д ь

31. п ... ж ... л ... й с т ...

32. п р ... с п ... к т

33. с л ... в ... р ь

34. с т ... л ... ц ...

35. ф ... м ... л ... ...

36. ц ... н т р

EXERCISE 13. Find and write the hidden words. (*Clue:* animals, family, names, and possessives.)

```
к  а  к  е  г  о  з  о  в  у  т  о
а  м  е  р  и  к  а  н  е  ц  ш  ц
ф  м  о  и  б  а  б  у  ш  к  а  ы
м  о  й  з  р  в  п  т  й  р  р  ж
т  я  ш  м  а  м  а  в  к  с  у  т
в  п  д  а  т  н  п  о  о  о  с  в
о  с  е  с  т  р  а  я  ш  б  с  о
й  ф  ш  д  е  д  у  ш  к  а  к  и
р  у  с  с  к  и  й  г  а  к  а  е
а  м  е  р  и  к  а  н  к  а  я  к
й  к  а  к  е  ё  з  о  в  у  т  ч
о  ч  е  н  ь  п  р  и  я  т  н  о
```

1. м ... ... а
2. п ... а
3. с ... ... а
4. б ... ... т
5. м ... й
6. м ... я
7. м ... и
8. н ... ш
9. н ... ... а
10. а ... ... а
11. а ... ... ц
12. к ... к е ё з ... ... т
13. о ... ... ь п ... ... о
14. к ... к е ... о з ... ... т
15. к ... ... а
16. с ... ... а
17. р ... ... й
18. р ... ... я
19. б ... ... а
20. д ... ... а
21. т ... ... и
22. т ... ... я
23. т ... ... й

EXERCISE 14. Solve this crossword puzzle by writing the Russian words in the correct spaces. If you write them all correctly, you will spell out the word that names a place where you study.

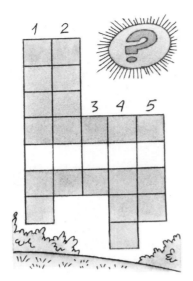

1. grandfather

2. drugstore

3. house, home

4. street

5. park

EXERCISE 15. Find the hidden words. Then write them in the spaces provided. The last three words are cognates that you have not studied yet.

```
к  о  н  ц  е  р  т  е  в  п  ь  п
м  и  п  ж  и  в  ё  т  б  ы  в  л
а  ы  н  с  н  и  ь  ц  а  з  р  о
г  и  у  о  с  ы  о  н  з  д  а  щ
а  ф  е  с  т  и  в  а  л  е  б  а
з  о  н  а  и  е  м  ы  р  с  о  д
и  т  ы  о  т  ы  а  в  е  ь  т  и
н  а  с  ы  у  р  ж  т  м  ы  е  р
е  д  в  а  т  п  а  р  к  е  ы
ш  к  о  л  е  у  л  и  ц  е  т  н
с  т  а  д  и  о  н  е  т  е  б  к
ы  д  и  с  к  о  т  е  к  е  б  е
н  а  х  о  д  и  т  с  я  в  о  о
```

1. на с … … … … … н е
2. на р … … … т е
3. в м … … … … … н е
4. в и … … … … … … т е
5. в т … … … р е
6. на к … … … … … т е
7. на ф … … … … … л е
8. на д … … … … … к е
9. на п … … … … ди
10. в ш … л е
11. в п … … к е
12. на у … … ц е
13. на р … … к е
14. ж … … … т
15. з … … … ь
16. н … … … … … … я

УРОК 6 (Шестой урок)

Что мы делаем?

Part A

EXERCISE 1.   Look at the pictures below. Ask what the people in them are doing. Then give the correct answer.

1. _____

   _____

2. _____

   _____

3. _____

   _____

EXERCISE 2.

Letters are omitted at the beginning or end of these verbs. Complete each one.

с л у … … … …

ж и … …

о т в … … … … …

з н … … …

… … с а т ь

… … т а т ь

… … … … … и в а т ь

… … л а т ь

EXERCISE 3.

The verbs **отвеча́ть** and **спра́шивать** belong to the same group of verbs as **знать**. Write their present tense forms.

я зна́ю

ты зна́ешь

он зна́ет

мы зна́ем

вы зна́ете

они́ зна́ют

я _____

ты _____

он _____

мы _____

вы _____

они́_____

я _____

ты _____

она́_____

мы _____

вы _____

они́_____

EXERCISE 4.

Express these ideas in Russian.

1. You're reading, but they're not listening.

_____

2. Are you writing a letter?

_____

3. "What are you doing?"

_____

"We're working."

_____

EXERCISE 5.   Continue writing "The Great American Student's Novel in Russian." Describe students listening to the teacher explain how to do the homework assignment. Tell **кто слу́шает, а кто нет.** Change the names to protect your "innocent" classmates and yourself. Describe two or three students.

_____

_____

_____

_____

_____

_____

Part B

EXERCISE 6.   Они́ понима́ют хорошо́ и́ли пло́хо?

Билл чита́ет по-ру́сски. Ри́чард хорошо́ понима́ет.

1. Ната́ша чита́ет по-ру́сски. Ира_____ .

2. Игорь чита́ет по-англи́йски. Дави́д, ты_____ ?

3. Ни́на пи́шет письмо́ по-ру́сски. Ме́ри_____ .

4. Тама́ра Петро́вна чита́ет по-англи́йски. Мы_____ .

5. Ро́бин спра́шивает по-ру́сски. Джордж и Ке́нет_____ .

6. Макси́м Ива́нович отвеча́ет по-англи́йски. Я _____ .

Look at these drawings and describe them. **Понима́ют и́ли не понима́ют?**

1. _____

2. _____

3. _____

_____

_____

EXERCISE 8.   Give Russian equivalents for the following sentences.

1. Do you understand me?

_____

2. Yes, I understand you.

_____

3. I don't understand the text.

_____

4. I read magazines in Russian.

_____

Part C

EXERCISE 9.   Fill in the blanks.

1. Я слу́шаю _____ , а мой брат чита́ет _____ .

2. — Что вы де́лаете?

    — Мы пи́шем _____ .

3. — Ты хорошо́ понима́ешь _____ ?

    — Да, хорошо́.

4. Они́ чита́ют _____ , а я слу́шаю.

5. — Ты не _____ , где живёт Ни́на?

    — Нет, не зна́ю.

EXERCISE 10.   Supply the correct form of the missing verbs.

Мой брат _____ ра́дио. Я _____ текст.

Учи́тель _____ предложе́ния на доске́, а я _____

в тетра́ди. Мы _____ упражне́ние.

— Что вы _____ ?

— Мы _____ кни́гу.

— Ты _____ а́дрес Эдди?

— Да, _____ .

EXERCISE 11.   Complete these sentences.

1. Я пишу́ упражне́ние, а мой брат и моя́ сестра́ _____ .

2. Па́па чита́ет газе́ту, а мы _____ .

3. Ната́ша слу́шает ра́дио, а я _____ .

4. Ко́стя де́лает ка́рту, а ты _____ ?

5. Ба́бушка пи́шет письмо́, а де́душка _____ .

EXERCISE 12. Write appropriate questions for the answers provided.

— Вы понимáете меня?
— Да, мы вас понимáем.

1. _____

  — Да, пи́шем дикта́нт.

2. _____

  — Нет, я пишу́ не письмо́. Я дéлаю упражнéние.

3. _____

  — Нет, они́ читáют кни́гу.

4. _____

  — Нет, я плóхо пишу́ дикта́нты.

EXERCISE 13. Какóй язы́к они́ знáют?

1. Я _____

2. Ты _____

3. Онá_____

4. Мы_____

5. Вы _____

6. Они́_____

EXERCISE 14. Explain what each person is reading.

1. _____

2. _____

3. _____

4. _____

5. _____
   _____
   _____

EXERCISE 15.   Что они́ пи́шут?

1. Я _____

2. Ты _____

3. Она́ _____

4. Мы _____

5. Вы _____

6. Они́ _____

EXERCISE 16.   Find all the Russian words you can in this puzzle. Circle them in the puzzle. Then write them down.

```
ф  п  ч  я  з  ы  к  ц  с  о  д
р  а  д  и  о  т  о  р  т  п  о
т  е  к  с  т  б  у  к  в  а  р
ж  ф  п  и  с  а  т  ь  з  к  о
б  у  к  в  а  с  л  о  в  о  г
ы  с  л  у  ш  а  т  ь  ъ  з  о
ю  й  д  и  к  т  а  н  т  ш  й
ъ  у  в  ы  а  в  о  п  р  о  с
ш  о  к  о  л  а  д  н  ы  й  ц
г  ш  п  о  н  я  т  н  о  у  м
```

_____

_____

_____

_____

_____

_____

_____

_____

УРОК 7 (Седьмой урок)

Что я люблю делать.

Part A

EXERCISE 1.   You have learned the second-conjugation verb **учи́ть**. Write its conjugated form.

я _____   ты _____   он/она́ _____

мы _____   вы _____   они́ _____

EXERCISE 2.   Write the word that corresponds to each drawing.

1. Джон у́чит _____ .

2. Джек и Ме́ри у́чат _____ .

3. Мы у́чим _____ .

4. — Оле́г, ты у́чишь _____ ?

   — Нет, я учу́ _____ .

5. — Ле́на и Ира, в шко́ле вы у́чите _____

   _____ ?

   — Нет, мы у́чим _____

   _____ .

EXERCISE 3. The subjects taught in Russian schools are **а́лгебра, геогра́фия, фи́зика, хи́мия, исто́рия, англи́йский язы́к** (or another foreign language), **ру́сский язы́к и литерату́ра.** Compare this with the subjects you study, and express your conclusions.

Ру́сские ребя́та у́чат хи́мию.

Мы то́же у́чим хи́мию. *и́ли*
Мы не у́чим хи́мию.

Они́ у́чат а́лгебру и геоме́трию.

_____

Они́ у́чат англи́йский язы́к.

_____

В 8 кла́ссе ру́сские ребя́та у́чат ру́сский язы́к.

_____

В 8 кла́ссе они́ у́чат исто́рию.

_____

Они́ у́чат литерату́ру и фи́зику.

_____

EXERCISE 4. All of these people know one language and are studying another. Complete these sentences with the name of the language they are studying.

Ри́чард зна́ет францу́зский язы́к и ещё у́чит ру́сский язы́к.

1. Пе́тя зна́ет испа́нский язы́к и ещё _____

   _____

2. Мы зна́ем англи́йский язы́к и ещё _____

   _____

3. Мохамме́д зна́ет ара́бский язы́к и ещё _____

   _____

4. Жакли́н и Пьер зна́ют францу́зский язы́к и ещё _____

   _____

5. Я зна́ю неме́цкий язы́к и ещё _____

   _____

EXERCISE 5.   Continue writing "The Great American Student's Novel in Russian." Your topic today is **Что я/мы учу́/у́чим в шко́ле.** Some subjects you may be studying are **литерату́ра, геогра́фия, ру́сский язы́к, исто́рия, матема́тика, (а́лгебра/ геоме́трия), физкульту́ра, филосо́фия, му́зыка.**

_____

_____

_____

_____

EXERCISE 6.   Following the example, say who speaks well and who speaks badly.

— Ира у́чит англи́йский язы́к.
— Она́ хорошо́ говори́т по-англи́йски. _и́ли_
— Она́ ещё пло́хо говори́т по-англи́йски.

1. — Мы у́чим ру́сский язы́к.

_____

2. — Ната́ша у́чит францу́зский язы́к.

_____

3. — Я учу́ испа́нский язы́к.

_____

4. — Игорь и Оле́г у́чат англи́йский язы́к.

_____

5. — Ме́гги у́чит неме́цкий язы́к.

_____

Part B

EXERCISE 7. Answer these questions.

1. — Вы хорошо говорите по-русски?

_____

2. — Вы говорите по-русски в школе?

_____

3. — Борис Иванов хорошо говорит по-русски?

_____

4. — Дома вы говорите по-русски?

_____

EXERCISE 8. Write either **по-английски (английский язык)** or **по-русски (русский язык)**, as appropriate.

1. Мы ещё плохо говорим _____ .

2. Мой брат хорошо знает _____ .

3. — Вы говорите _____ ?

— Да, но ещё плохо.

4. Антон учит _____ . Он хорошо говорит _____ .

5. — Вы хорошо знаете _____ ?

— Нет, ещё плохо.

— Но вы очень хорошо говорите _____ .

— Правда? Спасибо.

EXERCISE 9.   Following the example, express your own conclusions about what is said below.

Мéри ýчит рýсский язы́к. Онá мнóго рабóтает.
(Вы́вод:) Мéри хорошó говори́т по-рýсски.

1. Джек ýчит испáнский язы́к, но он плóхо рабóтает.

    _____

2. Мы ýчим рýсский язы́к и мнóго рабóтаем.

    _____

3. — Мы ýчим францýзский язы́к.
   — И вы мнóго рабóтаете?
   — Да, мы мнóго рабóтаем.

    _____

4. — Ты ýчишь рýсский язы́к?
   — Да.
   — И ты мнóго рабóтаешь?

   — Не óчень, но я _____

5. Игорь и Кóстя плóхо рабóтают на урóке и дóма.

    _____

EXERCISE 10.   Give Russian equivalents for these sentences.

1. Tom works a lot (much) at home.

    _____

2. He speaks Russian well.

    _____

3. Boris doesn't work much at home.

    _____

4. He still speaks English badly.

    _____

Part C

EXERCISE 11.   **Кто что рису́ет?** Write the word illustrated in each drawing.

1. Я рису́ю _____ .

2. Ка́тя рису́ет _____ .

3. Мы рису́ем _____ .

4. Ты рису́ешь _____ .

5. Мы рису́ем _____ .

EXERCISE 12.   **Кто что лю́бит де́лать?** Use **он, она́, они́, ребя́та, америка́нцы, ру́сские.**

1. _____

2. _____

3. _____

4. _____

5. _____

6. _____

7. _____

8. _____

EXERCISE 13.   Complete each sentence with the appropriate verb ending.

1. — Что ты де́лаешь?

   — Я смотр_____ телеви́зор.

2. Ники́та смо́тр_____ слова́ в словаре́.

3. — Па́вел, ты смо́тр_____ футбо́л?

   — Нет, не смотр_____ .

4. Мы смо́тр_____ те́ннис.

5. Ната́ша смо́тр_____ грамма́тику в уче́бнике.

EXERCISE 14.   Find the missing vowels. Then write the entire word in the space provided.

1. л ... б ... т ь   5. т ... н ц ... в ... т ь

2. ф ... т б ... л   6. р ... с ... в ... т ь

3. т ... н н ... с   7. ц в ... т ...

4. б ... й с б ... л

УРОК 8 (Восьмой урок)

У меня есть друг.

Part A

EXERCISE 1.　　　　Following the example, complete each sentence with an affirmative or negative statement, as appropriate. Remember the difference between the conjunctions **а** and **и**.

У Иры есть плёер, а у меня нет плёера. *или*
У Иры есть плёер, и у меня есть плёер.

1. У Антона есть мотоцикл, а у меня _____ .

2. У Тани есть собака, и у нас _____ .

3. У Кирилла есть машина, а у нас _____ .

4. У Марины есть брат, а у меня _____ .

5. У Олега есть сестра, и у меня _____ .

6. У Кати есть дедушка, и у меня _____ .

7. У Антона есть подруга, а у меня _____ .

EXERCISE 2.　　　　Practice writing the genitive forms of the personal pronouns in sentences that express possession. Be sure that you know the English equivalent of each sentence.

1. У _____ есть сестра. (он)

2. У _____ есть мотоцикл. (я)

3. У _____ есть машина. (они)

4. У _____ есть фотоаппарат. (ты)

5. У _____ есть магнитофон. (она)

6. У _____ есть словарь? (вы)

7. У _____ есть журнал «Спорт». (мы)

EXERCISE 3. Fill in the blanks to form sentences that express possession (or the opposite). Use the appropriate forms of the words in parentheses.

1. У _____ есть _____ (я, гита́ра)

2. У _____ нет _____ (они́, маши́на)

3. У _____ есть _____ (она́, брат)

4. У _____ нет _____ (ты, слова́рь)

5. У _____ нет _____ (вы, журна́л)

6. У _____ есть _____ (он, плéер)

7. У _____ нет _____ (я, ру́чка)

8. У _____ нет _____ (Ни́на, брат)

9. У _____ есть _____ (ты, сестра́)

10. У _____ есть _____ (Ви́ктор, магнитофо́н)

EXERCISE 4. Write a question for each answer.

— У вас есть друг?
— Да, у меня́ есть друг.

1. _____

— У меня́ нет подру́ги в шко́ле.

2. _____

— У нас есть видеока́мера.

3. _____

— У меня́ нет ко́шки, у меня́ есть соба́ка.

4. _____

— У меня́ нет тетра́ди.

EXERCISE 5. "Do you have an uncle?" "Does he have a house?" Write similar questions in Russian about what these people have.

1. Ask your new friend whether he has a brother and a sister.

_____

2. Ask Борис whether Олег has a grandmother.

_____

3. Ask Борис whether Наташа has a grandfather.

_____

4. Ask your friend's mother whether she has a car.

_____

5. Ask Борис whether he has a dog.

_____

Part B

EXERCISE 6. Respond to these statements about who likes what. Ask for additional information using the word **играть.**

— Виктор любит слушать гитару.
— А он играет на гитаре?

1. — Я люблю скрипку.

_____

2. — Мы любим смотреть бейсбол.

_____

3. — Миша и Маша любят теннис.

_____

4. — Мой друг Коля любит футбол.

_____

5. — Я люблю смотреть хоккей.

_____

EXERCISE 7.　　　Using the example below, respond to the following statements.

— У нас в кла́ссе Ви́ктор хорошо́ игра́ет на гита́ре.
— А у нас в кла́ссе Ро́нальд игра́ет на скри́пке.

1. — У нас в кла́ссе Мари́на о́чень хорошо́ танцу́ет.

_____

2. — У нас в шко́ле наш класс о́чень хорошо́ игра́ет в футбо́л.

_____

3. — У нас в го́роде есть теа́тр.

_____

4. — У нас в шко́ле есть спортза́л.

_____

5. — У нас в кла́ссе есть журна́л «Нева́».

_____

6. — У нас в го́роде есть стадио́н.

_____

EXERCISE 8.　　　As a part of your "Great American Student's Novel in Russian," name some of your hero's favorite athletes and musicians, and say what sports or instruments each of them plays.

_____

_____

_____

_____

_____

Part C

EXERCISE 9. Respond to each statement by saying what you study. Follow the example.

— Мой друг у́чит францу́зский язы́к.
— А я учу́ ру́сский язы́к. *и́ли*
— И я учу́ францу́зский язы́к.

1. — Моя́ сестра́ у́чит хи́мию.

   _____

2. — Мой брат у́чится в университе́те.

   _____

3. — Мой друг у́чится хорошо́.

   _____

4. — Ко́стя и И́горь у́чат геогра́фию.

   _____

5. — Ната́ша и Мари́на у́чатся в те́хникуме.

   _____

6. — Моя́ подру́га у́чит кита́йский язы́к.

   _____

EXERCISE 10. Write in the correct form of **учи́ть** or **учи́ться**, as needed.

1. Мой брат _____ в ко́лледже. Он _____

   хорошо́. В ко́лледже он _____ матема́тику, фи́зику и хи́мию.

2. Я _____ в шко́ле. У нас в шко́ле мы _____

   матема́тику, ру́сский язы́к, англи́йский язы́к, исто́рию. Я _____

   не хорошо́ и не пло́хо.

3. Моя́ сестра́ рабо́тает и _____ . Она́ _____

   в ко́лледже и рабо́тает в рестора́не. В ко́лледже она́ _____

   исто́рию, геогра́фию. Моя́ сестра́ _____ о́чень хорошо́.

EXERCISE 11.   Answer the following questions.

1. — Вы у́чите ру́сский и́ли францу́зский язы́к?

   _____

2. — Твой брат у́чится хорошо́ и́ли не о́чень хорошо́?

   _____

3. — В шко́ле вы у́чите хи́мию и́ли фи́зику?

   _____

4. — Вы у́читесь в шко́ле и́ли в ко́лледже?

   _____

5. — Твой брат у́чится в университе́те и́ли в ко́лледже?

   _____

6. — Что ты лю́бишь: учи́ть грамма́тику и́ли чита́ть те́ксты?

   _____

EXERCISE 12.   Circle the hidden words and write them in the blanks below.

р	у	с	и	ф	ж	щ	х	б
н	ж	к	г	р	й	т	о	е
п	г	р	р	ф	и	е	р	й
л	п	и	а	н	и	н	о	с
о	х	п	т	я	ж	н	ш	б
х	ё	к	ь	а	ё	и	о	о
о	я	а	х	ц	р	с	ц	л
ф	у	т	б	о	л	а	и	к

1. _____

2. _____

3. _____

4. _____

5. _____

6. _____

7. _____

8. _____

9. _____

EXERCISE 13.   Find the missing vowels; then write each word correctly.

1. т р ... д н ...   _____

2. ... ч ... т ... л ь н ... ц ...   _____

3. ... с т ... р ... ...   _____

4. ... ч ... т ь с ...   _____

УРОК 9 (Девятый урок)

Кому что нравится?

Part A

EXERCISE 1.　　　Look at the drawing, and write down what you would say to describe the locations of the places illustrated.

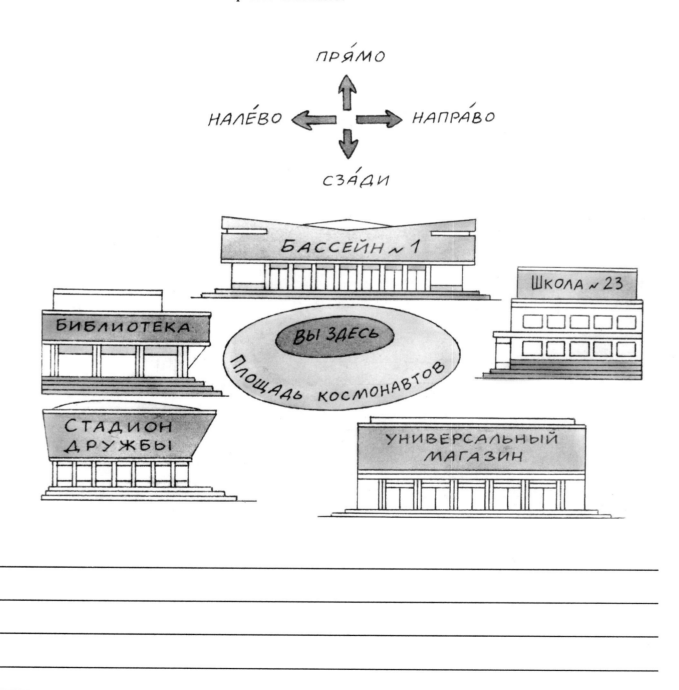

_____

_____

_____

_____

EXERCISE 2.   Complete each phrase by adding an appropriate noun. Remember gender and number agreement!

1. англи́йский _____

2. ру́сский _____

3. краси́вая _____

4. сове́тский _____

5. но́вая _____

6. ста́рое _____

7. ма́ленькие _____

8. больша́я _____

9. америка́нский _____

10. хоро́шие _____

11. кра́сный _____

EXERCISE 3.   Express admiration following the model below.

— Это наш стадио́н.
— Како́й он краси́вый!

1. — Это наш го́род. _____

2. — Это на́ша шко́ла. _____

3. — Это университе́т. _____

4. — Это мои́ значки́. _____

5. — Это на́ша соба́ка. _____

6. — Это мои́ джи́нсы. _____

7. — Это мои́ ма́рки. _____

EXERCISE 4.   Using the example, ask questions based on the following statements.

— Это большáя плóщадь.
— Какáя э́то плóщадь?

1. — Это цветы́.

_____

2. — Это монасты́рь.

_____

3. — Это гости́ница.

_____

4. — Это здáние.

_____

5. — Это компью́теры.

_____

6. — Это маши́ны.

_____

Part B

EXERCISE 5.   Following the example, complete the dialogues below.

— Дáйте, пожáлуйста, кни́гу.
— Какýю?
— Вот э́ту большýю.

1. — Дáйте, пожáлуйста, значóк.
   — Какóй?

_____

2. — Дáйте, пожáлуйста, словáрь.
   — Какóй?

_____

3. — Да́йте, пожа́луйста, тетра́дь.
   — Каку́ю?

   _____

4. — Да́йте, пожа́луйста, каранда́ш.
   — Како́й?

   _____

5. — Да́йте, пожа́луйста, газе́ту.
   — Каку́ю?

   _____

6. — Да́йте, пожа́луйста, журна́л.
   — Како́й?

   _____

EXERCISE 6.　　　　Circle the hidden words; then write them in the blanks.

```
п  ц  е  р  к  о  в  ь  ф  ж  к  ц  я
р  о  к  р  е  м  л  ь  р  к  а  ы  д
я  з  с  т  а  р  ы  й  к  а  к  о  й
м  в  ч  м  а  л  е  н  ь  к  и  й  к
о  е  й  б  о  ч  е  н  ь  о  е  б  р
ж  з  б  ч  у  т  с  о  д  е  к  о  а
ь  д  о  н  а  п  р  а  в  о  у  л  с
н  а  л  е  в  о  э  и  о  а  м  ь  н
о  ц  ь  р  л  ц  е  н  т  р  д  ш  ы
в  а  к  а  д  е  м  и  я  е  л  о  й
ы  ы  с  к  р  а  с  и  в  ы  й  й  в
й  ч  м  м  о  н  а  с  т  ы  р  ь  ц
```

1. _____

2. _____

3. _____

4. _____

5. _____

6. _____

7. _____

8. _____

9. _____

10. _____

11. _____

12. _____

13. _____

14. _____

15. _____

16. _____

17. _____

18. _____

Part C

EXERCISE 7. Using the pronouns in parentheses, ask about people's likes and dislikes, as shown in the example.

— Какóй красúвый значóк! (ты)
— Тебé нрáвится э́тот значóк?

1. — Какáя хорóшая кнúга! (вы)

   _____

2. — Какóй интерéсный журнáл! (он)

   _____

3. — Какóй стáрый гóрод! (онá)

   _____

4. — Какáя красúвая дéвушка! (вы)

   _____

5. — Какóе нетрýдное упражнéние! (онú)

   _____

EXERCISE 8. Трýдный? Интерéсный? Стáрый? Нóвый?

1. — У меня́ есть нóвая кнúга Чингúза Айтмáтова. Онá _____ .

2. — Игорь и я вмéсте ýчимся в шкóле. Он мой _____ друг.

3. — Кóля, тебé нрáвится _____ учéбник?

   — Да.

4. — Какáя Москвá тебé нрáвится: нóвая úли стáрая?

   — Конéчно, _____ .

5. — Пéтя, что ты дéлаешь?

   — Я пишý упражнéние. Онó _____ . Я не знáю,

   прáвильно я пишý úли нет.

EXERCISE 9.   Мне? Тебе́? Ему́? Ей? Нам? Вам? Им?

1. — Ве́ра Ива́новна, где вы рабо́таете?

   — Я учи́тельница и рабо́таю в шко́ле.

   _____ нра́вится рабо́тать в шко́ле?

2. — Са́ша и Анто́н не игра́ют в хокке́й.

   _____ не нра́вится э́та игра́.

3. — Ка́тя не чита́ет э́ту кни́гу.

   _____ не нра́вится э́та кни́га.

4. — Игорь не смо́трит э́тот журна́л.

   _____ не нра́вится э́тот журна́л.

5. — Я смотрю́ фильм.

   _____ о́чень нра́вится э́тот фильм.

6. — Са́ша, что ты де́лаешь?

   — Я смотрю́ баскетбо́л.

   _____ нра́вится, как игра́ют спортсме́ны?

EXERCISE 10.   After learning the endings for inanimate nouns in the accusative case, ask
                    appropriate questions based on these answers.

1. _____

   — Да, пи́шем дикта́нт.

2. _____

   — Нет, я пишу́ не письмо́. Я де́лаю упражне́ние.

3. _____

   — Нет, они́ чита́ют кни́гу.

4. _____

   — Я пло́хо пишу́ дикта́нты.

EXERCISE 11.   Complete these statements, following the example.

— Я люблю ста́рые города́,*
— Я люблю ста́рые города́, и мне нра́вится э́тот го́род.

1. — Они́ лю́бят краси́вые ру́чки, _____

_____

2. — Я люблю́ но́вые гости́ницы, _____

_____

3. — Па́па лю́бит америка́нские фи́льмы, _____

_____

4. — Мы лю́бим хоро́шие кни́ги, _____

_____

5. — Вы лю́бите ста́рые маши́ны, _____

_____

6. — Она́ лю́бит шокола́дные конфе́ты, _____

_____

EXERCISE 12.   Continue to write "The Great American Student's Novel in Russian." Your main character writes a letter to a friend, and explains what he/she does after school.

_____

_____

_____

_____

_____

_____

_____

_____

*plural of го́род

Circle all the Russian words you can find in this puzzle, and write them in the blanks below.

```
ф  п  ч  я  з  ы  к  ц  с  о  д
р  а  д  и  о  т  о  р  т  п  о
т  е  к  с  т  б  у  к  в  а  р
ж  ф  п  и  с  а  т  ь  з  к  о
б  у  к  в  а  с  л  о  в  о  г
ы  с  л  у  ш  а  т  ь  ъ  з  о
ю  й  д  и  к  т  а  н  т  ш  й
ъ  у  в  ы  а  в  о  п  р  о  с
ш  о  к  о  л  а  д  н  ы  й  ц
г  ш  п  о  н  я  т  н  о  у  м
```

1. _____

2. _____

3. _____

4. _____

5. _____

6. _____

7. _____

8. _____

9. _____

10. _____

11. _____

12. _____

13. _____

14. _____

15. _____

УРОК 10 (Десятый урок)

Review of Lessons 6—9.

EXERCISE 1. You have learned the verbs **знать, жить, спрашивать, отвечать, танцевать, учить, говорить, смотреть, читать, писать, работать, играть.** Put these verbs in Column I or Column II according to their conjugation.

I

знать (-ю, ешь, -ет, -ем, -ете, -ют)

_____

_____

_____

_____

_____

_____

_____

II

говорить (-ю, -ишь, -ит, -им, -ите, -ят)

_____

_____

_____

_____

_____

_____

_____

EXERCISE 2. From the list below, choose appropriate direct objects for these verbs.

пишут	читают	слушают	смотрят
_____	_____	_____	_____
_____	_____	_____	_____
_____	_____	_____	_____
_____	_____	_____	_____

слова, журналы, газеты, футбол, письма, музыку, буквы, предложения, учителя, друга

EXERCISE 3.   Что ты лю́бишь?

1. — Смотре́ть, как игра́ют в бейсбо́л и́ли игра́ть в бейсбо́л?

_____

2. — Слу́шать гита́ру и́ли скри́пку?

_____

3. — Чита́ть и писа́ть по-ру́сски и́ли слу́шать и говори́ть?

_____

4. — Рабо́тать и́ли учи́ться?

_____

5. — Чита́ть до́ма и́ли в библиоте́ке?

_____

EXERCISE 4.   Express disagreement with each statement, following the model.

— И́горь пло́хо игра́ет в футбо́л.
— Нет, он хорошо́ игра́ет.

1. — Ната́ша хорошо́ чита́ет и говори́т по-англи́йски.

_____

2. — Том пло́хо игра́ет на скри́пке.

_____

3. — Наш кла́сс хорошо́ игра́ет в баскетбо́л.

_____

4. — Тим хорошо́ говори́т по-ру́сски.

_____

EXERCISE 5.   You are in an agreeable mood today. If someone says „**Я люблю**...," you respond „**Мне нра́вится**..." and vice versa.

— Я люблю́ матема́тику.
— И мне нра́вится матема́тика.

1. — Ей нра́вится слу́шать симфони́ческую му́зыку.

_____

2. — Он лю́бит игра́ть на гита́ре.

_____

3. — Нам нра́вится говори́ть по-ру́сски.

_____

4. — Я люблю́ спорт.

_____

5. — Им нра́вится на́ша шко́ла.

_____

EXERCISE 6.   Answer these questions.

1. — Что вы де́лаете на уро́ке ру́сского языка́?

_____

2. — Каки́е предме́ты (subjects) вам нра́вятся?

_____

3. — Что вы де́лаете до́ма ве́чером (in the evening)?

_____

4. — Что вы лю́бите?

_____

5. — Что вам нра́вится?

_____

EXERCISE 7.   Use the appropriate forms of the words in each group below to form correct Russian sentences. Be sure you know what each sentence means.

1. Ви́ктор
рабо́тать
в
магази́н

2. Ни́на
чита́ть
кни́га

3. У
я
нет
журна́л
«Столи́ца»

4. Мы
учи́ться
в
шко́ла

5. Они́
писа́ть
пи́сьма

6. Оле́г и Ни́на
слу́шать
му́зыка

7. Наш
шко́ла
находи́ться
на
у́лица Ми́ра

8. Вы
чита́ть
газе́та
«Труд»

9. У
Ми́ла
нет
фотоаппара́т

10. У
Ви́ктор
есть
брат

11. Вы
люби́ть
танцева́ть
в
клуб

1. _____

2. _____

3. _____

4. _____

5. _____

6. _____

7. _____

8. _____

9. _____

10. _____

11. _____

EXERCISE 8.   Complete the following sentences. Express a different idea in each one.

1. Они́ у́чатся _____

2. Я живу́ _____

3. Она́ лю́бит игра́ть _____

4. Вы зна́ете, где _____

5. У них нет _____

6. У тебя́ есть _____

7. Ваш оте́ц рабо́тает _____

8. У Ни́ны ста́рая _____

EXERCISE 9.   Write words that can be used with э́тот, э́та, э́то, э́ти.

1. Э́тот уро́к, _____

2. Э́та шко́ла, _____

3. Э́то сло́во, _____

4. Э́ти магази́ны, _____

EXERCISE 10.   Fill in the missing words.

Андре́й _____ в го́роде Магнитого́рске. Это _____

го́род. В _____ есть стадио́н и библиоте́ка. Андре́й

_____ в шко́ле. Он у́чится _____ . Он _____

чита́ть. В _____ есть хоро́шие кни́ги. У Андре́я _____

друг. _____ зову́т Игорь. Друг то́же _____ в шко́ле. Он

_____ игра́ть на гита́ре. Андре́й и Игорь _____

друзья́.

EXERCISE 11. Write to **Борис Иванов**. Ask him:

1. How his school studies are going.

_____ _____

2. Whether he likes English.

_____

3. Whether he likes history, math, etc.

_____

4. How he likes sports.

_____

5. Whether he plays basketball.

_____

6. What he likes to watch on television.

_____

7. Whether he plays the guitar.

_____

8. Where he studies.

_____

EXERCISE 12. Complete this puzzle by writing words that begin with each letter of **автобус**.

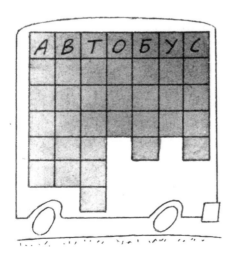

Complete each of these word puzzles. The correct answers will complete the
sentences to the left.

Ви́ктор Петро́в лю́бит...

        В

        И ... ... в те́ннис.

        К

... ... Т ... ... в университе́те.

        О

        Р ... ... мно́го.

Ви́ктор Петро́в...

        П ... ... пи́сьма.

        Е

... ... Т ... ... журна́л «Спорт».

... ... Р ... ... фи́льмы.

        О

        В

Ви́ктор Петро́в лю́бит...

... Л ... ... му́зыку.

        Ю

        Б

... И ... ... портре́ты.

        Т

EXERCISE 14.   Write the Russian equivalents of these words. Then read the first letters across to find the name of a subject in school.

Down:

1. city
2. river
3. address
4. automobile, car
5. music
6. drugstore, apothecary
7. notebook
8. first name
9. candy
10. American (female)

УРОК 11 (Одиннадцатый урок)

Какая у вас машина?

Part A

EXERCISE 1.   Give a definition of the words and phrases in boldface.

1. **Чья** это машина?   _____

2. Вы что, **не видите** знак?   _____

3. Здесь **стоять нельзя**.   _____

4. Мы **только одну минуту**, можно?   _____

EXERCISE 2.   Following the example, ask for a telephone number or an address, as appropriate.

— Ира, ты знаешь, где живёт Никита?
— Знаю.
— Дай мне, пожалуйста, его адрес.

1. — Наташа, ты не знаешь, где живёт Нина?
   — Знаю.

   _____

2. — Оля, ты не знаешь телефон Олега и Нины?
   — Знаю.

   _____

3. — Марина, ты не знаешь телефон Риты?
   — Знаю.

   _____

4. — Таня, ты не знаешь, где живут Лена и Катя?
   — Знаю.

   _____

5. — Оля, ты не зна́ешь телефо́н Анто́на?
   — Зна́ю.

   _____

6. — Та́ня, ты не зна́ешь, где живёт Ви́ктор Ива́нович?
   — Зна́ю.

   _____

EXERCISE 3.   Write **мо́жно** or **нельзя́** in the blanks, as appropriate.

1. В библиоте́ке _____ слу́шать ра́дио.

2. На стадио́не _____ игра́ть в волейбо́л.

3. На уро́ке ру́сского языка́ _____ говори́ть по-англи́йски.

4. В за́ле _____ танцева́ть.

5. В кинотеа́тре _____ стоя́ть.

6. В кла́ссе на уро́ке _____ слу́шать му́зыку.

EXERCISE 4.   The phrase „**Здесь стоя́ть нельзя́**" means "No parking." Instead of the verb **стоя́ть** (to stand), other verbs can also be used. Create at least four other sentences stating what is not permitted or not possible.

— Здесь чита́ть нельзя́.

1. _____

2. _____

3. _____

4. _____

5. _____

6. _____

7. _____

EXERCISE 5. **Что мо́жно и что нельзя́ делать?** Contradict each statement below, following the example.

— Ему́ мо́жно игра́ть в футбо́л.
— А мне нельзя́ игра́ть в футбо́л.

1. — Мне нельзя́ игра́ть в бейсбо́л.

_____

2. — Нам мо́жно здесь говори́ть по-ру́сски.

_____

3. — Им мо́жно здесь танцева́ть.

_____

4. — Ей нельзя́ смотре́ть телеви́зор.

_____

5. — Им нельзя́ рабо́тать и учи́ться.

_____

EXERCISE 6. Write short dialogues for these three pictures.

1. _____

_____

2. _____

_____

3. _____

_____

EXERCISE 7.   Write the correct word for the object in each drawing.

1. Я вижу   _____

2. Ты не видишь   _____

3. Собака не видит_____

4. Мы видим   _____

5. Вы видите   _____

6. Они видят   _____

Part B

EXERCISE 8.   Change the following sentences, as shown in the example.

— Наш дом — ма́ленький и краси́вый.
— У нас ма́ленький и краси́вый дом.

1. — Моя́ маши́на — ста́рая.

_____

2. — Наш спортза́л в шко́ле — большо́й.

_____

3. — На́ши спортсме́ны в шко́ле — чемпио́ны го́рода.

_____

4. — Моя́ соба́ка — о́чень краси́вая.

_____

5. — На́ша учи́тельница — ру́сская.

_____

6. — На́ша ко́шка — чёрная.

_____

EXERCISE 9.   Finish these dialogues, in which the speakers compare Russia and the U.S. Follow the example.

Са́ша: У нас в шко́ле о́чень лю́бят спорт.
Крег: И у нас то́же. (У нас не так, как у вас.)

1. Игорь: В шко́ле мы у́чим фи́зику, хи́мию, геогра́фию, биоло́гию, матема́тику, ру́сский и англи́йский язы́к.

   Ли́за: _____

2. Джон: У нас ма́ленький дом.

   Мари́на: _____

3. Ри́чард: У нас в шко́ле хорошо́ игра́ют в футбо́л.

Игорь: _____

4. Ната́ша: У нас в кла́ссе хоро́шая газе́та.

Ли́за: _____

5. Игорь: У нас в шко́ле о́чень большо́й спорти́вный зал.

Мэ́ри: _____

EXERCISE 10.   Make up sentences that describe the cars your family owns or has owned.

— У па́пы большо́й «форд». Его́ маши́на кра́сная.

1. _____

2. _____

3. _____

EXERCISE 11.   Complete these sentences using any appropriate colors.

1. Мне нра́вятся_____ цветы́.

2. Мой дом   _____ .

3. У меня́   _____ су́мка.

4. У бра́та   _____ мотоци́кл.

5. У нас до́ма   _____ ро́зы.

6. Я люблю́   _____ хлеб.

7. Мне нра́вятся_____ ко́шки.

8. Я люблю́ мою́   _____ ко́шку.

9. Мне нра́вятся_____ маши́ны.

Part C

EXERCISE 12.   Give the names of some Russian automobiles.

_____   _____   _____   _____

EXERCISE 13.   Respond to each question as shown in the example.

— Ребя́та, у кого́ есть телефо́н Иры?
— Мо́жет быть, у Ната́ши есть?

1 — Ребя́та, кто зна́ет, где живёт И́горь?

_____

2. — Ребя́та, у кого́ есть а́дрес Петра́ Ива́новича?

_____

3. — Ребя́та, у кого́ есть мяч?

_____

4. — Ребя́та, кто зна́ет, где нахо́дится музе́й Пу́шкина?

_____

5. — Ребя́та, кто чита́ет газе́ту «Спорт»?

_____

6. — Ребя́та, кто зна́ет, где мо́жно посмотре́ть журна́л «Огонёк»?

_____

EXERCISE 14.   Repeat the information given in each cue. Following the example, use the words **говори́т/говоря́т** and **ду́мает/ду́мают** in your sentences.

Джордж: Ру́сский язы́к — нетру́дный.
Джордж ду́мает (говори́т), что ру́сский язы́к нетру́дный.

1. Дже́сика: Москва́ — краси́вый го́род.

_____

2. Тама́ра: Мне о́чень нра́вятся америка́нские маши́ны.

_____

3. Дави́д: Мне нра́вится жить в Москве́ и учи́ть здесь ру́сский язы́к.

_____

4. Майкл: Ру́сские ребя́та о́чень мно́го рабо́тают и в шко́ле и до́ма.

_____

5. Джейн: Ру́сские ребя́та хорошо́ говоря́т по-англи́йски.

_____

6. Мари́на: В Аме́рике мно́го и хорошо́ рабо́тают и живу́т хорошо́.

_____

EXERCISE 15.   Make up short dialogues appropriate to the situations described. Expressions such as „Мо́жет быть, э́то... ?" or „Я ду́маю, что..." may be useful.

Situation 1.

You are not sure whom you are speaking with on the telephone.

_____

_____

_____

Situation 2.

You are not sure what kind of car you're looking at. Is it American? Or French?

_____

_____

_____

Situation 3.

You are not sure what kind of animal you see at the end of the street. Is it a cat? A dog?

_____

_____

_____

EXERCISE 16.   Find the words for colors. Write them in the blanks.

```
а  н  т  р  а  ц  и  т  ж  й  р  в  ь
б  е  ж  е  в  ы  й  ч  ё  р  н  ы  й
е  г  о  л  у  б  о  й  л  ц  з  о  а
л  х  ы  л  с  а  л  а  т  н  ы  й  х
ы  ы  ь  р  о  з  о  в  ы  й  а  у  а
й  ы  з  е  л  ё  н  ы  й  х  а  к  и
о  р  а  н  ж  е  в  ы  й  ц  э  р  к
ы  д  ф  и  о  л  е  т  о  в  ы  й  п
```

1. _____   7. _____

2. _____   8. _____

3. _____   9. _____

4. _____   10. _____

5. _____   11. _____

6. _____   12. _____

УРОК 12 (Двенадцатый урок)

Ну, погоди!

Part A

EXERCISE 1.   For each sentence, draw a < for verbs indicating motion on foot and a > for verbs indicating motion by means of transportation.

1. Máша идёт в шкóлу. (   )
2. Мы éдем на стадиóн. (   )
3. Я идý в больнѝцу. (   )
4. Мой пáпа éдет на фѝрму. (   )
5. Вы идёте на концéрт? (   )
6. Ты éдешь в кинотеáтр? (   )
7. Máша и Ира идýт на Москвá-реку. (   )

EXERCISE 2.   Give the present tense forms of **идтѝ** and **éхать** as shown in the example.

Я идý, а ты éдешь.

1. Я _____ , а ты _____ .

2. Он _____ , а мы _____ .

3. Вы _____ , а онѝ _____ .

EXERCISE 3.   Make up a new dialogue replacing the parts of the model that appear in boldface.

— Кудá идёт **Нѝна**?
— Я не знáю.
— А ты знáешь, где **Антóн**?
— Знáю. Он **в шкóле**.

_____

_____

_____

_____

Part B

EXERCISE 4.   Following the example, complete these sentence pairs by changing the place word from the prepositional case (location) to the accusative (destination).

Я учу́сь в шко́ле. Я иду́ в шко́лу.

1. Оте́ц рабо́тает на заво́де. Он е́дет _____ на метро́.

2. Брат у́чится в университе́те. Он е́дет _____ на маши́не.

3 Моя́ сестра́ врач, рабо́тает в больни́це. Она́ идёт _____ .

4. Мой друг спортсме́н. Он е́дет _____ на мотоци́кле.

5. Эти ребя́та живу́т в дере́вне. Они́ _____ на авто́бусе.

EXERCISE 5.   Make up questions and answers, using идёт/иду́т, е́дет/е́дут, Анто́н, врачи́, орке́стр, студе́нты.

— Куда́ е́дут врачи́?
— Они́ е́дут в больни́цу.

1. _____

_____

2. _____

_____

3. _____

_____

4. _____

_____

EXERCISE 6.   Read each of these short dialogues. Then answer the questions.

1. Куда они едут?

(Таня видит в метро Наташу.)

— Привет, Наташа, ты куда?
— Я на концерт, а ты?
— А я тоже на концерт.
— Как хорошо! Едем вместе.

_____

2. Куда идёт Ваня?

(Ваня спрашивает у милиционера.)

— Скажите, пожалуйста, где находится магазин «Школьник»?
— На Тверской улице. Одну минуту — и ты в магазине.
— Спасибо.

_____

3. Куда едет Нина?

(Катя видит Нину в автобусе.)

— Привет, Нина, как дела?
— Спасибо, хорошо. Ты на стадион?
— Нет, я в цирк.
— А я на стадион.

_____

4. Куда идут туристы?

(Туристы спрашивают Наташу.)

— Скажите, где находится старый университет?
— Вот там. Видите красивое старое здание в центре?
— Да, видим.
— Это манеж. А справа — университет.
— Спасибо.

_____

EXERCISE 7. Complete each sentence with the correct preposition and the correct form of each word in parentheses. Think carefully about whether the prepositional phrase indicates a destination or a location.

1. — Куда́ вы е́дете?

   _____ (го́род)

2. — Где он рабо́тает?

   _____ (дере́вня)

3. Ма́ша е́дет _____ (теа́тр)

4. Ребя́та е́дут _____ (библиоте́ка)

5. Они́ вме́сте е́дут _____ (мотоци́кл)

6. Студе́нты е́дут _____ (Москва́)

7. — Вы е́дете _____ (Но́вгород)?

EXERCISE 8. In this chapter of your "Great American Student's Novel in Russian," you need to describe your hero's (or heroine's) activities. Write about several places he/she goes to and what he/she does there.

_____

_____

_____

_____

_____

_____

_____

_____

_____

EXERCISE 9.

Choose one or two of these illustrations to create a brief narrative or dialogue. Explain who these people are and where they are going. Follow the example.

Это врач. Он идёт в больницу.

_____

_____

_____

_____

Part C

EXERCISE 10.

Complete this puzzle by writing in nouns that name forms of transportation.

EXERCISE 11.   Complete these statements by giving the correct preposition and form for the means of transportation used by the people in each of the following sentences. Use the words in parentheses, and follow the example.

Отец работает на заводе. Он едет на завод **на машине**.

1. Брат учится в университете.

   Он едет в университет _____ . (трамвай)

2. Моя мама врач. Она работает в больнице.

   Она едет в больницу _____ . (машина)

3. Сестра — студентка. Она учится в институте.

   Она едет в институт _____ . (велосипед)

4. Я учусь в школе.

   Я еду в школу _____ . (автобус)

5. Мой друг — хороший спортсмен. Он играет в футбол на стадионе.

   Он едет на стадион _____ . (троллейбус)

EXERCISE 12.   Fill in the missing vowels for each of the words below.

1. б ... л ь н ... ц ...

2. ... в т ... б ... с

3. н ... з ... д

4. к ... д ...

5. в ... л ... с ... п ... д

6. т р ... л л ... й б ... с

7. с ... д ...

8. п ... г ... д ...

9. ... д т ...

10. ... х ... т ь

Find the new words in this puzzle, as well as some old words that you already know.

```
п  б  о  л  ь  н  и  ц  а  ж
и  н  а  ч  с  к  у  д  а  т
к  у  а  в  т  о  б  у  с  р
д  о  м  о  й  н  й  ч  ж  а
а  т  и  н  у  ц  м  з  т  м
с  ю  д  а  м  е  т  р  о  в
т  а  к  с  и  р  а  м  в  а
м  а  ф  в  о  т  ф  у  х  й
```

5. _____

6. _____

7. _____

8. _____

9. _____

1. _____

2. _____

3. _____

4. _____

10. _____

11. _____

12. _____

13. _____

УРОК 13 (Тринадцатый урок)

Хоккей — настоящая мужская игра.

Part A

EXERCISE 1.   Crossword Puzzle. Write the words for these numbers.

По горизонта́ли (across):

1.   9

4.   10

По вертика́ли (down):

2.   2

3.   3

5.   8

6.   7

7.   5

EXERCISE 2.   Write these numbers as numerals.

1. шесть _____   5. во́семь _____   8. пять _____

2. трина́дцать _____   6. девятна́дцать _____   9. двена́дцать _____

3. пятна́дцать _____   7. два́дцать _____   10. семна́дцать _____

4. де́сять _____

EXERCISE 3.   Answer these questions, using the correct word for the number required.

How many members does an average family consist of? _____

How many players are there on a football team? _____

                    hockey?   _____

                    volleyball?   _____

                    basketball?   _____

                    baseball?   _____

                    water polo?   _____

EXERCISE 4.   React to each statement with a question using **ра́зве**, as shown in the example.

—В Росси́и не игра́ют в америка́нский футбо́л.
—Ты ра́зве не знал, что в Росси́и не игра́ют в америка́нский футбо́л?

1. — Ру́сский язы́к нетру́дный.

_____

2. — Америка́нские фе́рмеры бы́ли в Росси́и и рабо́тали в колхо́зе.

_____

3. — Росси́йские хоккеи́сты сейча́с игра́ют в Кана́де.

_____

4. — У нас в шко́ле рабо́тает ру́сская учи́тельница.

_____

5. — На́ши ребя́та сейча́с в Москве́.

_____

6. — Сове́тские баскетболи́сты о́чень хорошо́ игра́ли в баскетбо́л. Они́ чемпио́ны на Олимпиа́де в Сеу́ле.

_____

EXERCISE 5.   Complete the following sentences.

—Что ты сейча́с де́лаешь?
—Ничего́ **не де́лаю,** смотрю́ телеви́зор.

1. — Что ты сейча́с чита́ешь?

    — Я ничего́ _____ , я сейча́с слу́шаю му́зыку.

2. Како́й тру́дный текст, я ничего́ _____ .

3. За́втра контро́льная рабо́та, а я ничего́ _____ .

4. — Посмотри́, кака́я э́то у́лица. Я ничего́ _____ .

    — Я то́же ничего́ _____ .

Part B

EXERCISE 6.   Write the appropriate pronoun subject for each verb form (**он, она́, оно́, они́**).
Then fill in the blanks with the English equivalents of these sentences.

1. (чита́ть)   _____ чита́ла.   _____

2. (смотре́ть)   _____ смотре́ли.   _____

3. (ви́деть)   _____ ви́дел.   _____

4. (учи́ть)   _____ учи́ла.   _____

5. (учи́ться)   _____ учи́лся.   _____

6. (слу́шать)   _____ слу́шал.   _____

7. (танцева́ть)   _____ танцева́ла.   _____

8. (писа́ть)   _____ писа́ли.   _____

9. (быть)   _____ был.   _____

EXERCISE 7. Each of these sentences tells what someone is doing now. Following the example, make up new sentences saying that these people were doing the same things yesterday.

—Наташа пишет письмо.
—Вчера она тоже писала письмо.

1. — Павлик читает газету.

_____

2. — Саша смотрит фильм.

_____

3. — Ира учит слова.

_____

4. — Костя и Игорь играют в теннис.

_____

5. — Олег — на концерте.

_____

6. — Майкл слушает московское радио.

_____

EXERCISE 8. Fill in the blanks with the correct forms of the verbs in boldface.

быть

1. — Игорь, где ты _____ вчера?

   — Я _____ на стадионе.

2. — А где _____ Ира?

   — Она _____ в школе. У них в школе _____ концерт.

жить

3. — Где вы _____ в Росси́и?

   — Мы _____ в Москве́, в гости́нице «Ко́смос».

4. — Где ты _____ ?

   — Я _____ в Санкт-Петербу́рге, на у́лице Ли́говка.

слу́шать

5. — Вчера́ мы _____ моско́вское ра́дио.

   — Мы то́же лю́бим _____ моско́вское ра́дио.

EXERCISE 9.　　　Finish the dialogues using **то́же** with the correct verb forms, as shown in the example.

—Вчера́ Игорь слу́шал магнитофо́н.
—Мы то́же слу́шали магнитофо́н.

1. — Рома́н живёт на проспе́кте Ми́ра.

   — Ната́ша _____ .

2. — Моя́ сестра́ учи́лась в университе́те.

   — Мой брат _____ .

3. — Ве́чером Ники́та был в кинотеа́тре.

   — Та́ня _____ .

4. — Вчера́ ребя́та игра́ли в баскетбо́л.

   — Мы _____ .

5. — Вчера́ Та́ня смотре́ла но́вый фильм.

   — Па́влик _____ .

6. — Вчера́ Ната́ша писа́ла пи́сьма.

   — Оле́г _____ .

These pictures show what people were doing yesterday. In each case, answer the question, „Что они́ де́лали вчера́?"

(row 1)

1. _____

2. _____

3. _____

4. _____

5. _____

6. _____

Ива́н боле́ет за кома́нду «Дина́мо», И́горь — за ЦСКА, Кири́лл — за «Спарта́к», Воло́дя — за «Торпе́до», Ники́та — за «Строи́тель», Анто́н — за «Зени́т».

Here are the scores of yesterday's games:

ЦСКА — «Спарта́к» : 108 : 104;

«Торпе́до» — «Строи́тель» : 95 : 91;

«Дина́мо» — «Зени́т» : 104 : 89.

Express your congratulations to the boys whose teams won.

—Ива́н, поздравля́ю тебя́: «Дина́мо» победи́ло: 104 : 89.

1. _____

2. _____

Part C

EXERCISE 12. Look at the drawings below, and decide whether the owners of these items are male or female. Write your answer, using the adjectives **мужско́й** and **же́нский**.

1. _____ .

2. _____ .

3. _____ .

4. _____ .

EXERCISE 13.   Fill in the missing personal pronouns.

1. Я _____ не зна́ю. Вы Андре́й Петро́вич?

2. Кто э́та де́вушка? Ты _____ зна́ешь?

3. Я хорошо́ говорю́ по-ру́сски? Вы понима́ете _____ ?

4. Кто э́тот ма́льчик? Как _____ зову́т?

5. Я люблю́ э́ту му́зыку. Ты то́же лю́бишь _____ ?

6. Этот инжене́р рабо́тает на заво́де. Мой оте́ц _____ зна́ет.

7. Алло́!.. Алло́!.. Я _____ слу́шаю.

8. — Что _____ спра́шивал учи́тель?

   — Он спра́шивал _____ , где мы бы́ли вчера́.

9. — Га́ля зна́ет но́вые слова́?

   — Нет, она́ сейча́с _____ у́чит.

10. Это мой друг. Вы _____ зна́ете?

11. Мне о́чень нра́вится э́тот фильм. Ты ви́дел _____ ?

EXERCISE 14.   Make some comments appropriate to each situation.

Situation 1.

You enter the room. Your friends are watching a game on television.

_____

_____

Situation 2.

You are at the stadium. Your friend asks you the score. The scoreboard is shown.

_____

_____

Situation 3.

Your favorite team «Спарта́к» has lost 99 : 98 to the «Дина́мо» team. Your friend is a fan of «Дина́мо».

_____

_____

Find new and old vocabulary words in this puzzle.

н о м е р и б о к с н
и д а з х р а з в е а
ч о в о т я с г о л с
ц д е в о ч к а о ы т
и т о ч н о е у ч ф о
г и м н а с т и к а я
р с е г о д н я о н щ
а м а т ч б о к с а и
м о я с н и ч ь я т й

1. _____

2. _____

3. _____

4. _____

5. _____

6. _____

7. _____

8. _____

9. _____

10. _____

11. _____

12. _____

13. _____

14. _____

15. _____

16. _____

17. _____

18. _____

УРОК 14 (Четырнадцатый урок)

В воскресенье мы идём в цирк.

Part A

EXERCISE 1.   Use **час, часа́,** or **часо́в** to complete each of these sentences correctly.

1. Андре́й писа́л упражне́ние два _____ .

2. Михаи́л рисова́л карти́ну три _____ .

3. Светла́на и Анна учи́ли но́вые слова́ оди́н _____ .

4. Илья́ чита́л кни́гу пять _____ .

5. Ребя́та танцева́ли и слу́шали му́зыку четы́ре _____ .

6. Оле́г смотре́л фильм два _____ .

EXERCISE 2.   Write the words for these times, using the official style. "P.M." is indicated by a darkened clock.

Сейча́с шестна́дцать часо́в со́рок пять мину́т.

| 1 | 2 | 3 | 4 | 5 | 6 |

1. _____

2. _____

3. _____

4. _____

5. _____

Now give the approximate time in conversational style.

Сейча́с четы́ре часа́ дня.

1. _____

2. _____

3. _____

4. _____

5. _____

EXERCISE 3.　　　The second speaker in each dialogue has forgotten about something planned. Give their answers as shown in the example.

— За́втра мы идём в цирк.

Ира: Я забы́ла, что за́втра мы идём в цирк.

1. — За́втра у нас в шко́ле матч по баскетбо́лу.

Игорь: _____

2. — Сего́дня у нас в кла́ссе — дикта́нт.

Ира: _____

3. — Сего́дня воскресе́нье, и мы е́дем на стадио́н.

Игорь: _____

4. — Сего́дня мы не у́чимся — наш класс е́дет в музе́й.

Ната́ша: _____

5. — Сего́дня по ра́дио говори́т наш учи́тель.

Андре́й: _____

6. — Сего́дня у нас в шко́ле игра́ют* студе́нты консервато́рии.

Ка́тя: _____

---

*Игра́ть used without further information refers to playing music.

Part B

EXERCISE 4.   Fill in the rest of the crossword puzzle with the names of the other days of the week.

EXERCISE 5.   Use this chart to write sentences about what you might do on various days of the week.

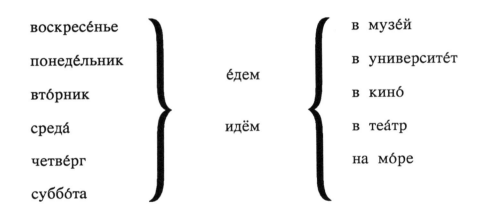

—В пя́тницу мы идём на дискотéку.

1. _____

2. _____

3. _____

4. _____

5. _____

6. _____

EXERCISE 6.   When are we going...? Complete the dialogues. In each case, the correct answer is an hour later than the second speaker says it is now.

1. — Сколько сейчас времени?
   — 4 часа.
   — А когда мы идём на стадион?

   _____

2. — Сколько сейчас времени?
   — Час.
   — А когда мы идём на реку?

   _____

3. — Сколько сейчас времени?
   — 5 часов.
   — А когда мы смотрим фильм?

   _____

4. — Сколько сейчас времени?
   — Час.
   — А когда мы идём в школу?

   _____

5. — Сколько сейчас времени?
   — 3 часа.
   — А когда мы едем в город?

   _____

EXERCISE 7.   Answer the questions using days of the week.

— Какой сегодня день?
— Понедельник.
— А когда мы идём в театр?
— В среду.

1. — Какой сегодня день?
   — Пятница.
   — А когда мы идём в цирк?

   _____

2. — Какой сегодня день?

— Вторник.

— А когда мы едем в Суздаль?

_____

3. — Какой сегодня день?

— Четверг.

— А когда мы идём на футбол?

_____

4. — Какой сегодня день?

— Понедельник.

— А когда у нас контрольная работа?

_____

EXERCISE 8.   Complete these dialogues with time expressions (часы́, мину́ты, дни), as appropriate. Where needed, use the preposition в.

1. — Сколько сейчас времени?

— Сейчас _____.

— А когда мы идём в кино?

_____

— Сколько времени мы будем в кино?

— Я не знаю, может быть, _____.

2. — Посмотри, сколько времени?

_____

_____ мы идём на стадион.

У нас только _____.

— Хорошо, я сейчас.

3. — Какой сегодня день?

— Сегодня _____, а _____ мы

едем в Санкт-Петербург.

4. _____ мой брат едет в Москву.

_____

EXERCISE 9.   Complete the following questions using the interrogative words **когда́**, **куда́**, and **где** as needed.

1. _____ ты идёшь?

   — Я иду́ в шко́лу.

2. _____ ты идёшь в шко́лу?

   — В 7 часо́в.

3. _____ нахо́дится твоя́ шко́ла?

   — На у́лице Толсто́го.

4. _____ вы е́дете в Москву́?

   — В пя́тницу.

5. _____ вы е́дете?

   — В Моско́вский университе́т.

6. _____ нахо́дится Моско́вский университе́т?

   — Ста́рое зда́ние нахо́дится в це́нтре, а но́вое — на Ле́нинских гора́х. Это метро́

   «Университе́т».

Part C

EXERCISE 10.   Complete each sentence, describing a sequence of events.

1. До́ма в понеде́льник я снача́ла чита́л кни́гу, а пото́м _____

   _____ .

2. Во вто́рник Ира снача́ла писа́ла пи́сьма, а пото́м _____

   _____ .

3. В теа́тре снача́ла выступа́ли моско́вские арти́сты, а пото́м _____

   _____ .

4. На уро́ке мы снача́ла писа́ли упражне́ния, а пото́м _____

   _____ .

5. Наш учи́тель снача́ла чита́л текст, а пото́м _____

_____ .

6. Ве́чером мы снача́ла смотре́ли телеви́зор, а пото́м _____

_____ .

EXERCISE 11.　　Fill in the blanks with the correct case endings.

1. Та́ня игра́ла с Ир_____ в ша́хматы.

2. В понеде́льник в шко́ле ма́ма говори́ла с учи́тельниц_____ .

3. В сре́ду мы бы́ли с учи́тел_____ в музе́е.

4. В пя́тницу я с подру́г_____ была́ в клу́бе. Слу́шали хоро́шую му́зыку.

5. Во вто́рник мы с бра́т_____ бы́ли на ма́тче «Спарта́к»—«Дина́мо».

«Спарта́к» победи́л.

EXERCISE 12.　　Where were you? Complete the dialogues, saying you were somewhere with someone else, as shown in the example.

—Вчера́ я был в кино́. А ты где был?
—А мы с бра́том бы́ли на стадио́не. Смотре́ли футбо́л.

1. — Вчера́ мы бы́ли на стадио́не. Я тебя́ не ви́дел. Где ты был?

_____

2. — Вчера́ я была́ в теа́тре. А ты где была́?

_____

3. — Вчера́ мы бы́ли в клу́бе, танцева́ли, а вы где бы́ли?

_____

4 — Вчера́ мы бы́ли в па́рке. А ты где был?

_____

5. — Вчера́ мы бы́ли на реке́. А ты где была́?

_____

EXERCISE 13. These people are going to be met at the train station by people who do not know them. Explain how they can identify the people who are going to meet them.

Ва́ля — Это де́вочка с кни́гой «Англи́йский язы́к».

1. _____

2. _____

3. _____

4. _____

5. _____

Find the new vocabulary words in this wordsearch.

```
в  о  с  к  р  е  с  е  н  ь  е  с
р  ы  р  о  к  о  г  д  а  в  п  к
е  ч  е  т  в  е  р  г  а  т  я  о
м  о  д  з  а  б  ы  т  ь  о  т  л
я  г  а  п  о  т  о  м  и  р  н  ь
ч  п  о  н  е  д  е  л  ь  н  и  к
а  с  н  а  ч  а  л  а  в  и  ц  о
с  у  б  б  о  т  а  х  я  к  а  й
```

1. _____   10. _____

2. _____   11. _____

3. _____   12. _____

4. _____   13. _____

5. _____   14. _____

6. _____   15. _____

7. _____   16. _____

8. _____   17. _____

9. _____   18. _____

УРОК 15 (Пятнадцатый урок)

Review of Lessons 11 — 14.

EXERCISE 1.   Write in the appropriate possessive adjectives.

1. Меня зовут Ира. _____ фамилия Волкова. А это _____ учительница Вера

Петровна. Мы любим _____ уроки.

2. Это Виктор Зайцев. Вот _____ дом. Вместе с Виктором живут _____

дедушка и бабушка.

3. Мы учимся в школе № 45. Вот _____ спортзал. А это _____

библиотека и _____ буфет.

4. _____ это учебник?

   — Это _____ учебник. Дай мне его.

5. Где _____ тетради?

   — Они там, на столе. Я уже посмотрела их.

EXERCISE 2.   Replace the possessive adjective with a personal pronoun and the preposition у, as shown in the example.

—Наш дом маленький и красивый.
—У нас маленький и красивый дом.

1. Наша школа очень большая.

   _____

2. Наш театр в городе — старый.

   _____

3. Наш учитель русский. Его семья живёт в Москве.

   _____

4. Моя́ соба́ка чёрная, ма́ленькая, и я о́чень люблю́ её.

_____

5. На́ша кома́нда по баскетбо́лу — чемпио́н.

_____

6. — Ва́ша маши́на но́вая?

— Нет, на́ша маши́на ста́рая, но ещё хоро́шая.

_____

EXERCISE 3. Complete the following sentences with the correct forms of adjectives appropriate to the context.

1. Звёзды на Кремле́ — _____ .

2. Я о́чень люблю́ _____ дома́, а моя́ ба́бушка лю́бит дома́

_____ .

3. Большо́й теа́тр в Москве́ о́чень _____ .

4. Мне нра́вится центра́льный парк в Нью-Йо́рке. Он _____ .

5. Это упражне́ние о́чень _____ .

6. Каки́е краси́вые цветы́! Я о́чень люблю́ _____ цветы́.

7. Моя́ ба́бушка ещё не о́чень _____ .

EXERCISE 4.   Finish these sentences, choosing the correct preposition and the correct case for each noun in parentheses. Remember to consider whether the noun names a location, a destination, or a means of transportation.

1. Мой па́па рабо́тает _____ _____ . Утро́м он е́дет ____

_____ _____ _____ . (больни́ца, маши́на)

2. Я о́чень люблю́ му́зыку. Сейча́с я е́ду ____ _____ . (конце́рт)

3. Моя́ сестра́ лю́бит чита́ть кни́ги и журна́лы ____ _____ .

Вот и сейча́с она́ идёт ____ _____ . (библиоте́ка)

4. Никола́й Петро́вич — инжене́р. Он рабо́тает _____ _____ .

Сейча́с он е́дет _____ _____ . (заво́д)

5. — Куда́ ты идёшь?

_____ _____ .

— А что ты де́лаешь _____ _____ ? (стадио́н)

— У нас сего́дня игра́ со шко́лой № 12.

EXERCISE 5.   Complete each sentence by giving the correct number completely spelled out.

1. В кни́ге «Russian Face to Face» _____ уро́ков.

2. У нас в кла́ссе _____ ученико́в:

_____ ма́льчиков и _____ де́вочек.

3. У меня́ в су́мке _____ книг.

4. В уро́ке № 15 _____ упражне́ний.

5. В сло́ве „упражне́ние" _____ букв.

6. В предложе́нии „Я пишу́ э́ти слова́ по-ру́сски" _____ слов.

EXERCISE 6.   The following sentences are in the past tense. Put them in the present, making any other necessary changes.

1. Пе́тя Ивано́в чита́л журна́л.

_____

2. Ната́ша писа́ла письмо́.

_____

3. Мы смотре́ли телеви́зор.

_____

4. — Что ты де́лал вчера́?
   — Я слу́шал му́зыку.

_____

_____

5. Мы игра́ли в бейсбо́л.

_____

6. Наш учи́тель выступа́л по ра́дио.

_____

EXERCISE 7.   Fill in the blanks with the correct forms of the verbs in boldface.

жить

1. Мы _____ в го́роде, а мои́ де́душка и ба́бушка _____

в дере́вне. 2. Мне то́же нра́вится _____ в дере́вне. 3. Моя́ подру́га

_____ в Ленингра́де, а сейча́с _____ в Москве́.

игра́ть

4. Я люблю́ _____ в ша́хматы. 5. Когда́ я была́ ма́ленькая, я

_____ с па́пой. 6. Он о́чень хорошо́ _____ .

выступа́ть

7. Мы с сестро́й лю́бим смотре́ть, как _____ кло́уны.

8. Вчера́ мы бы́ли в ци́рке, там _____ кло́ун Оле́г Попо́в.

EXERCISE 8.   Rewrite the names of the days of the week in the order in which they normally appear on Russian calendars.

Суббо́та, вто́рник, четве́рг, воскресе́нье, среда́, понеде́льник, пя́тница.

_____

_____

_____

_____

EXERCISE 9.   Look at the list of the days of the week again, and write the days that have names related to numbers.

_____

_____

_____

EXERCISE 10.   Complete these sentences, indicating the duration of each action and the day (or days) of the week it occurred.

—Я слу́шал ра́дио во вто́рник оди́н час. *или*:
—Я не слу́шал ра́дио.

1. — Мы смотре́ли телеви́зор

_____

2. — Я писа́л пи́сьма

_____

3. — Мы чита́ли текст

_____

4. — Мы игра́ли в футбо́л

_____

5. — Мы танцева́ли

_____

6. — Я говори́л с дру́гом по-ру́сски

_____

EXERCISE 11.   Напишите, что вы делали сначала, а что потом.

— В понедельник я сначала писал упражнение, а потом слушал магнитофон.

Use these verbs: читать, писать, говорить, смотреть, слушать, играть, гулять, работать.

1. В среду мы сначала _____

_____ .

2. Во вторник наш учитель сначала_____

_____ .

3. В воскресенье мы сначала _____

_____ .

4. В пятницу на уроке мы сначала_____

_____ .

5. В четверг ты сначала _____

_____ ?

EXERCISE 12.   Fill in the blanks with the correct forms of the nouns in boldface.

брат

1. У меня есть _____ . 2. Мой _____ ещё
маленький. 3. Я люблю играть с _____ . 4. У _____
есть маленький велосипед.

подруга

5. Моя _____ живёт в Москве. 6. Я говорю с _____
по телефону. 7. Я люблю играть с _____ в шахматы. 8. Я люблю мою _____ . 9. У _____ есть хо-
рошая собака.

стадио́н

10. Это наш _____ . 11. Мы лю́бим игра́ть на _____

_____ . 12. Я и мои́ друзья́ идём на _____ .

13. Нам нра́вится наш _____ .

су́мка

14. — Ты не зна́ешь, где Ка́тя?

— Вон она́ идёт с _____ . 15. Все её кни́ги и тетра́ди

в _____ . 16. Мне нра́вится её _____ .

кни́га

17. Я чита́ю _____ «Робинзо́н Кру́зо». 18. Я иду́ с _____

на уро́к. 19. В _____ есть хоро́шие те́ксты.

EXERCISE 13.   The vowels have been omitted from these words. Write them in.

1. в ... с к р ... с ... н ь ...

2. к ... м ... н д ...

3. р ... б ... т...

4. п р ... г р ... м м ...

5. п ... н ... д ... л ь н ... к

6. с ч ... т

7. н ... м ... р

8. д ... н ь

9. д ... в ... ч к ...

10. в ... л ... с ... п ... д

11. м ... т ч

12. м ... н ... т ...

13. м ... л ь ч ... к

14. к ... н ц ... р т

15. н ... ч ь ...

If you complete this crossword correctly, the name of one of the days of the week will appear in the unshaded squares.

1. violin

2. ball

3. 100

4. sign

5. car

6. street

7. clock, watch

УРОК 16 (Шестнадцатый урок)

Какая сегодня погода?

Part A

EXERCISE 1.   Write in the correct form of **градус**, depending on the number used with it.

5°_____   2°_____

10°_____   21°_____

24°_____   12°_____

3°_____   11°_____

22°_____

EXERCISE 2.   Write these temperature readings as shown in the example.

+2° — два градуса тепла.

-20°_____ .

+4°_____ .

+21°_____ .

+12°_____ .

-5°_____ .

-24°_____ .

EXERCISE 3.   Write in **холодно, жарко, тепло**, etc., depending on the temperatures indicated.

1. У нас говорят _____ , когда на улице 30° F.

2. У нас говорят _____ , когда на улице 30° C.

3. У нас говорят не очень _____ , когда на улице 20° C.

4. У нас говорят очень _____ , когда на улице -5° F.

Part B

EXERCISE 4.   Read these weather forecasts, and write your own brief summary of each as shown in the example.

Погóда на недéлю: 17–24 октябрá.

Понедéльник, 17 октябрá.
Температýра 10°–12° теплá. Сóлнце. Небольшóй вéтер.

—В понедéльник бýдет теплó. *или*
—В понедéльник бýдет хорóшая погóда.

Втóрник, 18 октябрá.
Температýра 8°–10° теплá. Вéтер. Небольшóй дождь.

_____

_____

Средá, 19 октябрá.
Температýра 2°–4° морóза. Вéтер. Дождь со снéгом.

_____

_____

Четвéрг, 20 октябрá.
(Такáя же погóда, как в срéду).

_____

_____

Пя́тница, 21 октябрá.
Температýра 5°–7° морóза. Сóлнце. Вéтер.

_____

_____

Суббóта, воскресéнье, 22–23 октябрá.
Температýра 1°–2° теплá. Небольшóй дождь.

_____

_____

EXERCISE 5.   Examine these illustrations, and make up a brief description of the weather.

Понеде́льник: _____

_____

Среда́: _____

_____

Пя́тница: _____

_____

Воскресе́нье: _____

EXERCISE 6.   Fill in the blanks with the correct forms of the verb **хоте́ть**.

1. На у́лице о́чень жа́рко. Я не _____ игра́ть в футбо́л.

2. Они́ _____ учи́ть ру́сский язы́к.

3. — На у́лице о́чень хо́лодно. Вы не _____ идти́ домо́й?

   — Нет, не _____ .

4. — Ты не _____ посмотре́ть но́вый фильм?

   — Да, о́чень _____ .

5. На у́лице дождь, но И́горь _____ игра́ть в те́ннис.

Part C

EXERCISE 7.   Complete each sentence, indicating the likely season of the year.

1. Очень хо́лодно, температу́ра -25°, со́лнце, ве́тра нет. Это _____ .

2. Тепло́, +15°, дождь, ве́тер. Это _____ .

3. Жа́рко, температу́ра +30°, со́лнце, ве́тра нет. Это _____ .

4. Хо́лодно, +17°, дождь. Это _____ .

EXERCISE 8.   Зову́т и́ли называ́ется?

1. Это _____ дневни́к.

2. Её _____ Ве́ра Ива́новна.

3. Эта игра́ _____ бейсбо́л.

4. Этот го́род _____ Ряза́нь.

5. Его́ _____ Игорь.

6. Эта кни́га _____ «Том Со́йер».

7. Эта у́лица _____ Парк-авеню́.

8. Это _____ ша́шки.

EXERCISE 9.   Fill in the blanks with the words зима́, зи́му, зимо́й, весна́, весну́, весно́й, о́сень, о́сенью, ле́то, ле́том, as needed.

Сейча́с _____ . _____ у нас о́чень жа́рко, и я не о́чень люблю́

_____ . Я люблю́ _____ . _____ у нас не

о́чень жа́рко и не о́чень хо́лодно — хорошо́. _____ мы лю́бим игра́ть на

у́лице в бейсбо́л и́ли америка́нский футбо́л.

А _____ у нас хо́лодно. Но я люблю́ _____ .

_____ нет дождя́. Я люблю́, когда́ идёт снег.

EXERCISE 10.   Read these statements about the weather. Then comment on them as shown in the example.

Лéто. Температýра +15°. Дождь, вéтер.
— Сейчáс хóлодно, как óсенью.

1. Осень. Температýра +20°. Сóлнце. Вéтра нет.

_____

2. Веснá. Температýра -15°. Снег. Вéтер.

_____

3. Зимá. Температýра +5°. Сóлнце. Вéтра нет.

_____

4. Лéто. Температýра +14°. Вéтер.

_____

EXERCISE 11.   Following the example, complete these sentences with the correct forms of the word **такóй**. Remember that **такóй** is declined just like other adjectives.

— Очень жáрко! +35° и нет вéтра!
— Да, такóе у нас лéто.

1. — Как теплó! +20°, сóлнце, и нет вéтра!

   — Да, _____ у нас óсень.

2. — Как хóлодно! -25° и вéтер!

   — Да, _____ у нас зимá.

3. — Лéтом у вас жáрко, а зимóй — хóлодно.

   — Да, _____ у нас клíмат.

EXERCISE 12.   Write antonyms for the following words. If you do this correctly, a word that
relates to a theme of this lesson will appear in the unshaded squares.

1. ми́нус

2. тепло́

3. слу́шать

4. хорошо́

5. нет

6. ле́то

EXERCISE 13.   Complete this brief weather crossword.

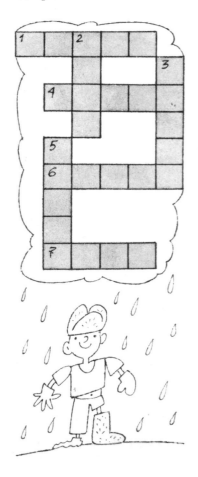

По горизонта́ли:

1. Тёплое, зелёное вре́мя го́да.

4. Не хо́лодно, но и не жа́рко.

6. Краси́вое, тёплое вре́мя го́да
   но бу́дет хо́лодно.

7. Холо́дное вре́мя го́да.

По вертика́ли:

2. Зимо́й — бе́лая вода́.

3. Весно́й — вода́.

5. Когда́ о́чень хо́лодно, говоря́т, что на
   у́лице...

УРОК 17 (Семнадцатый урок)

Кто чем занимается.

Part A

EXERCISE 1.   Что это такое? Кто это такой (такая)?

—Это Валентина Терешкова, первая женщина-космонавт.
—Кто это такая?

1. Это новый учебник по русскому языку.

_____

2. Это мой товарищ. Мы учимся вместе.

_____

3. Это Владимир Сальников. Он победил на Олимпиаде в Сеуле.

_____

4 Это чёрный хлеб. Русские любят такой хлеб.

_____

EXERCISE 2.   The people below like different types of recreation. Based on what is said about these people, write sentences about what they do for recreation, as shown in the example.

—У нас в школе любят спорт. Я, например, занимаюсь гимнастикой.

1. Я живу в квартире № 15, а Петя и Наташа в квартире № 14. У них в семье любят музыку и рисование. _____

_____ .

2. — Мой брат старшеклассник. У него в классе очень любят баскетбол и бейсбол.

_____

3. Моя сестра учится в школе, где учатся только девочки. У неё в школе любят литературу и театр. _____

_____

4. — У вас в шко́ле лю́бят пла́вание и футбо́л?

— Да, лю́бят. _____

_____ .

5. У нас в семье́ лю́бят спорт. _____

_____ .

EXERCISE 3.   Complete these sentences using the words given below, as well as verbs of your own choosing, if necessary.

— Э́та спортсме́нка занима́ется гимна́стикой.

1. Э́тот спортсме́н _____ .

2. Наш чемпио́н _____ .

3. У нас в кла́ссе ученики́ лю́бят _____ .

4. Наш учи́тель ру́сского языка́ мно́го _____ .

5. Моя́ сестра́ _____ .

6. У нас в кла́ссе де́вочки _____ .

Vocabulary: **бале́т, му́зыка, рок-н-рол, рисова́ние, литерату́ра, спорт.**

Part B

EXERCISE 4.   Write about an imaginary Russian family as if it were your own. Explain who works where and how old each family member is. Begin with **Мой па́па рабо́тает на фи́рме. Ему́ 40 лет.**

_____

_____

_____

_____

_____

_____

EXERCISE 5.   Finish each dialogue with a time expression, as shown in the example.

—Мне нра́вится гимна́стика.
—Я занима́юсь гимна́стикой три го́да.

1. — Я люблю́ занима́ться му́зыкой.

   — Я занима́юсь _____ .

2. — Мне о́чень нра́вится баскетбо́л.

   — Я занима́юсь _____ .

3. — Вы о́чень хорошо́ игра́ете в те́ннис.

   — Мы занима́емся _____ .

4. Ната́ша о́чень хорошо́ чита́ла стихотворе́ния у нас в шко́ле. Она́ о́чень лю́бит теа́тр.

   Она́ занима́ется _____ .

5. — Каки́е краси́вые карти́ны! Кто так хорошо́ рису́ет?

   — Это Анто́н Но́виков. Он занима́ется _____

   _____ .

Part C

EXERCISE 6.   Answer the questions.

—Почему́ Ната́ша хо́чет рабо́тать в библиоте́ке?
—Потому́ что она́ лю́бит литерату́ру.

1. Почему́ И́горь так мно́го занима́ется языко́м?

   _____

2. Почему́ Воло́дя хо́чет рабо́тать в теа́тре?

   _____

3. Почему́ Ната́ша занима́ется спо́ртом три часа́ в день?

   _____

4. Почему́ ва́ша семья́ не хо́чет жить в го́роде?

_____

5. Почему́ вы ма́ло гуля́ете?

_____

6. Почему́ ты не лю́бишь танцева́ть?

_____

EXERCISE 7.   Use **есть вре́мя, нет (свобо́дного) вре́мени, мно́го вре́мени, ма́ло вре́мени** to complete the following sentences, as appropriate.

1. — Ната́ша, идём гуля́ть!

— У меня́ _____ , сейча́с я де́лаю

упражне́ния по грамма́тике, а пото́м я иду́ в магази́н.

2. — И́горь, у тебя́ _____ ?

— Да. А что?

— Идём в шко́лу № **43**. Там сего́дня хоро́ший **ве́чер** (party).

— Хорошо́, идём.

3. — У нас не́ было уро́ков по ру́сскому языку́ и по фи́зике, и у меня́ сего́дня

_____ . Не зна́ю, что де́лать.

— Идём на стадио́н. Сего́дня на́ши игра́ют со шко́лой № 5.

4. — Сейча́с я иду́ в магази́н, пото́м в библиоте́ку, а пото́м ещё на стадио́н.

Сего́дня у меня́ о́чень _____ .

EXERCISE 8.   Write your schedule for tomorrow in Russian. Begin with **Расписа́ние на за́втра**.

1. _____

_____

2. _____

_____

Complete this crossword puzzle. You will find many of the words you know that can be used with **занима́ться.** The English equivalents of these words are: music, sports, cybernetics, geography, gymnastics, ballet, language, biology, math, boxing, chemistry, tennis, literature, physics, and history.

EXERCISE 10.

Find and circle the names of the days of the week in this puzzle. If you find other Russian words, circle them as well.

```
с  о  п  л  у  ч  ш  е  е  с  л  и  а
м  ы  м  о  с  т  к  р  с  р  и  р  с
о  п  я  т  н  и  ц  а  л  е  с  а  у
ж  е  н  о  н  е  с  л  и  д  т  с  б
н  ч  е  р  е  з  д  о  м  а  х  с  б
о  р  о  ч  е  т  в  е  р  г  у  к  о
х  т  н  е  л  ь  з  я  л  е  ж  а  т
в  о  с  к  р  е  с  е  н  ь  е  з  а
л  н  и  к  о  г  д  а  с  и  н  и  й
б  о  к  с  а  з  и  б  х  и  м  и  я
а  л  и  т  е  р  а  т  у  р  а  о  к
```

EXERCISE 11.   Following the example, use the names of the days of the week to make up a list of imaginary activities for the week.

В понеде́льник мы занима́емся гимна́стикой.

_____

_____

_____

_____

_____

_____

_____

УРОК 18 (Восемнадцатый урок)

Кем быть?

Part A

EXERCISE 1.　　　Complete these sentences with words for professions or occupations.

—Мой брат — инженéр.
—А я хочý быть адвокáтом.

1. Моя́ сестрá — учи́тельница. А моя́ подрýга — _____ .

2. Моя́ мáма — врач. А мой брат — _____ .

3. Мой друг хóчет быть экономи́стом. А я _____

4. Моя́ подрýга — медсестрá. А мой друг — _____

5. Мой брат — строи́тель. А моя́ сестрá — _____ .

EXERCISE 2.　　　Put each word in parentheses into the appropriate form.

1. На столé — две _____ и нéсколько _____ .

   (кни́га, тетрáдь)

2. Пáпа читáет мнóго _____ и _____ . (журнáл, газéта)

3. Наш гóрод óчень мáленький, у нас оди́н _____ ,

   нéсколько _____ и _____ .

   (теáтр, шкóла, магази́н)

4. Какóй большóй текст! В тéксте 15 _____ . (страни́ца)

5. У нас в шкóле нéсколько _____ : спорти́вный, театрáльный

   и столóвая. (зал)

EXERCISE 3.   **Ужé** or **ещё?** Fill in the blanks with the correct word.

1. Мы _____ плóхо говорим по-рýсски.

2. — Сáша, идём в кинó?

   — Спасибо, но я _____ смотрéл этот фильм.

3. — Натáша, кудá вы идёте?

   — Мы идём в кинó. Мы _____ не смотрéли нóвый фильм.

4. — Ты видел учителя по рýсскому языкý?

   — Да, _____ видел. Он сказáл, что зáвтра урóка не бýдет.

5. — Едем в Колóменское?

   — Нет, мы _____ были там. А в Кускóво мы _____ нé были.

   Мы сейчáс хотим éхать тудá.

Part B

EXERCISE 4.   Following the example, say what each person wants to be.

Натáша хóчет поступить в медицинский институт.
— Натáша хóчет быть врачóм.

1. Игорь хóчет поступить в экономический институт.

   _____

2. Оля хóчет поступить в педагогический институт.

   _____

3. Кáтя хóчет поступить в химический институт.

   _____

4. Лéна хóчет поступить в юридический институт.

   _____

5. Серёжа хóчет поступить в университéт на физический факультéт.

   _____

6. Ира хóчет поступить в университéт на исторический факультéт.

   _____

EXERCISE 5.   О ком и́ли о чём они́ пи́шут и́ли говоря́т?

1. Ленингра́д — о́чень краси́вый го́род. Здесь мно́го музе́ев.

   — Они́ пи́шут _____ .

2. Мне нра́вится газе́та «Сове́тский спорт», потому́ что я её чита́ю и понима́ю.

   — Они́ говоря́т _____ .

3. Вчера́ здесь была́ хоро́шая пого́да, бы́ло тепло́, со́лнце, как весно́й.

   — Они́ пи́шут _____ .

4. Ми́ша хо́чет быть актёром, он лю́бит выступа́ть у нас в шко́ле.

   — Они́ говоря́т _____ .

5. В Ленингра́де я ви́дела Мари́ну. Она́ здесь с бра́том.

   — Она́ пи́шет _____ .

EXERCISE 6.   Give the forms of **спо́рить**, which is conjugated like говори́ть.

я спо́р_____   мы спо́р_____

ты спо́р_____   вы спо́р_____

он/она́ спо́р_____   они́ спо́р_____

EXERCISE 7.   О чём они́ спо́рят?

1. — Э́тот фильм о́чень интере́сный. И актёры хорошо́ игра́ют.
   — Не ви́жу ничего́ интере́сного. В пе́рвые мину́ты поня́тно, что бу́дет пото́м.

   Они́ спо́рили _____ .

2. — Кака́я краси́вая маши́на!
   — А мне не нра́вится така́я фо́рма. И цвет не о́чень прия́тный.

   Они́ спо́рят _____ .

3. Ива́н сказа́л: „Чемпио́ном бу́дет кома́нда «Спарта́к»!“, а Андре́й сказа́л: „Нет, чемпио́ном бу́дет ЦСКА!“

   Они́ спо́рили _____ .

EXERCISE 8.   Complete each sentence, using **обо мнé, о тебé, о нём, о ней, о нас, о вас, о них,** as needed.

1. Я никогдá нé был в Нью-Йóрке. Расскажú мне _____ .

2. Мы никогдá нé были в Москвé и Ленингрáде. Напишúте нам _____ .

3. Я никогдá не вúдел мóре. Расскажú мне _____ .

4. Лéна никогдá не вúдела бейсбóл. Расскажú ей _____ .

5. — Что вчерá Вúктор сказáл _____ ?

— Он сказáл, что ты хóчешь поступúть в экономúческий институт.

EXERCISE 9.   Complete each sentence.

1. Сегóдня хорóшая погóда, поэтому _____

_____ .

2. Волóдя хóчет быть врачóм, поэтому _____

_____ .

3. Нáша учúтельница рýсская, поэтому _____

_____ .

4. Борúс хóчет быть чемпиóном, поэтому _____

_____ .

5. Ира óчень лю́бит спорт, поэтому _____

_____ .

6. Я не люблю́ мýзыку, поэтому _____

_____ .

EXERCISE 10.   Fill in the blanks with either **потому́ что** or **поэ́тому**.

1. Вчера́ мы не игра́ли в футбо́л, _____ была́ плоха́я пого́да.

2. Этот текст о́чень тру́дный, _____ я не понима́ю мно́го слов.

3. За́втра бу́дет контро́льная рабо́та, _____ я не смотрю́ телеви́зор.

4. Я вы́брал ру́сский язы́к, _____ он мне нра́вится.

5. Наш учи́тель ру́сский, _____ он о́чень пра́вильно говори́т по-ру́сски.

6. Я пишу́ мно́го пи́сем, _____ мой брат живёт в Вашингто́не,

а моя́ подру́га сейча́с живёт в Москве́.

Part C

EXERCISE 11.   Complete each sentence with an appropriate noun in the correct form.

1. По́сле _____ я хочу́ поступи́ть в медици́нский институ́т.

2. По́сле _____ мы спо́рили, кака́я кома́нда хорошо́ игра́ла.

3. По́сле _____ я реши́л пойти́ не домо́й, а в магази́н.

4. По́сле _____ все ребя́та говори́ли, кто где был ле́том.

5. По́сле _____ мы не хоте́ли идти́ домо́й. Мы говори́ли и

говори́ли о му́зыке.

EXERCISE 12.   Write the forms of the verb **зараба́тывать**, which is conjugated like **чита́ть**.

я зараба́тыва_____   мы зараба́тыва_____

ты зараба́тыва_____   вы зараба́тыва_____

он/она́ зараба́тыва_____   мы зараба́тыва_____

EXERCISE 13.   Study the list of typical Russian professions below. Rewrite the list of professions in the order of your personal preference for them.

артисты   _____

адвокаты   _____

врачи   _____

учителя   _____

парикмахеры   _____

медсёстры   _____

строители   _____

EXERCISE 14.   Complete each of these sentences with the appropriate form of **другой**. Remember that this adjective agrees with the noun it describes or modifies.

1. — Мне не очень нравится этот значок.

   — Посмотрите _____ .

2. — Это улица Строителей?

   — Нет, это _____ улица.

3. — Я читал эту книгу. Дайте мне, пожалуйста, _____ книгу.

4. — Это твой дом?

   — Нет, это _____ . Мой дом № 22.

5. — Это первая программа?

   — Нет, это _____ программа.

6. — Я вижу Иру и Катю. А где _____ ребята?

   — Они сейчас будут здесь.

EXERCISE 15.   Use the correct form of **другóй**, as appropriate.

1. У меня́ две подру́ги. Одна́ реши́ла поступи́ть на юриди́ческий факульте́т, а

_____ — на хими́ческий.

2. Оди́н учени́к реши́л 5 зада́ч, а _____ то́лько 2.

3. Па́па купи́л два журна́ла. Оди́н — о спо́рте, а _____ — о по-

ли́тике.

4. Мне на́до бы́ло написа́ть два упражне́ния. Одно́ я писа́л 15 мину́т, а _____

_____ — то́лько 5.

5. На уро́ке одни́ те́ксты я понима́ю хорошо́, а _____ — не

о́чень.

EXERCISE 16.   Complete the following sentences with the appropriate verbs.

1. Ната́ша о́чень лю́бит литерату́ру. По́сле шко́лы она́ реши́ла _____ .

2. Кем быть? Сейча́с э́то тру́дно _____ .

3. Есть так мно́го профе́ссий! Не зна́ешь, что _____ .

4. Я реши́л рабо́тать парикма́хером, потому́ что они́ хорошо́ _____ .

5. Ната́ша лю́бит спорт, а я люблю́ му́зыку, поэ́тому мы мно́го _____ .

EXERCISE 17. Wordsearch. Circle ten new words from this unit, and write them in the spaces below.

```
п  ф  у  н  е  с  к  о  л  ь  к  о  ф  т
о  п  ч  у  а  ы  с  в  с  е  г  д  а  ы
э  ж  и  ж  д  е  н  ь  г  и  ф  щ  к  у
т  а  л  е  в  е  т  р  у  д  н  о  у  д
о  у  и  п  о  с  л  е  ф  с  а  й  л  а
м  ь  щ  а  к  и  о  с  к  ы  в  р  ь  ц
у  н  е  з  а  в  и  с  и  м  о  с  т  ь
п  и  н  т  е  р  е  с  н  ы  й  е  а  в
и  с  т  о  р  и  к  с  п  о  р  и  т  ь
з  а  р  а  б  а  т  ы  в  а  т  ь  я  з
```

1. _____   6. _____

2. _____   7. _____

3. _____   8. _____

4. _____   9. _____

5. _____   10. _____

УРОК 19 (Девятнадцатый урок)

Письма домой.

Part A

EXERCISE 1.   Read each sentence carefully. If the sentence emphasizes a result or the completion of an action, write in the symbol (+). If the sentence simply names an action or describes one that is in progress, write in the symbol (→).

1. Вчера́ Ната́ша три часа́ учи́ла уро́ки. (   )
2. В пять часо́в она́ вы́учила уро́ки. (   )
3. Вчера́ Пе́тя чита́л англи́йский текст. (   )
4. В 6 часо́в он уже́ прочита́л текст. (   )
5. Ко́стя де́лал дома́шнее зада́ние 2 часа́. (   )
6. В 7 часо́в он сде́лал дома́шнее зада́ние и сказа́л: „Я хочу́ смотре́ть телеви́зор". (   )
7. На́стя реша́ла зада́чи 1 час. (   )
8. И в 5 часо́в она́ реши́ла их. (   )
9. Вчера́ мы бы́ли в магази́не, покупа́ли джи́нсы. (   )
10. Но мы не купи́ли их, потому́ что в магази́не бы́ли то́лько чёрные джи́нсы. (   )

EXERCISE 2.   Complete these sentences, giving the duration of each action or the time when it was completed, as required by the verb. Then give the English equivalent of each sentence.

Я писа́л упражне́ние **30 мину́т.** (imperfective)
I was writing an exercise for 30 minutes.
Я написа́л упражне́ние **в 4 часа́.** (perfective)
I finished writing the exercise at 4 o'clock.

1. Я учи́л стихотворе́ние Уи́тмена _____ .

_____

2. Я вы́учил стихотворе́ние Уи́тмена _____ .

_____

3. Костя решал задачи по математике _____ .

_____

4. Костя решил задачи по математике _____ .

_____

5. Ира делала уроки _____ .

_____

6. Ира сделала уроки _____ .

_____

7. Таня и Ксеня писали письма домой _____ .

_____

8. Таня и Ксеня написали письма домой _____ .

_____

EXERCISE 3.   Finish the dialogues, using the perfective to ask if the action in question has reached completion or had a result.

— Вчера я писал письма.
— И ты написал их?

1. — Вчера я решал задачи.

   — И ты _____ ?

2. — В пятницу он читал новый журнал.

   — И он _____ ?

3. — Вчера она писала упражнения.

   — И она _____ ?

4. — Во вторник мы делали фотографии.

   — И вы _____ ?

5. — Вчера я учила новые слова.

   — И ты _____ ?

Part B

EXERCISE 4.   Кому́ и куда́ они́ пи́шут пи́сьма?

Ма́ша сказа́ла, что её подру́га живёт в Петербу́рге.
— Ма́ша пи́шет пи́сьма подру́ге в Петербу́рг.

1. Еле́на Алекса́ндровна сказа́ла: „Мой сын живёт в Му́рманске“.

_____

2. Ко́стя сказа́л, что его́ па́па сейча́с рабо́тает в Аме́рике.

_____

3. Игорь сказа́л, что его́ друг сейча́с живёт в Астрахани.

_____

4. Ро́нальд сказа́л, что его́ друг сейча́с живёт в Москве́.

_____

EXERCISE 5.   Use the correct forms of the names **Ни́на** and **Рома́н** in these sentences.

1. Вчера́ мы говори́ли о _____ и _____ .

2. Я люблю́ спо́рить с _____ и _____ .

3. У _____ и _____ есть хоро́шая соба́ка.

4. Де́душка пи́шет пи́сьма _____ и _____ .

5. Вчера́ в кино́ я ви́дел _____ и _____ .

6. _____ и _____ мно́го занима́ются спо́ртом.

EXERCISE 6.   State a conclusion based on the request made in the first sentence. Although you haven't yet studied the formation of the imperative, you will easily recognize the imperative verbs.

Алёша: Ва́ня, дай мне слова́рь.
Ва́ня дал Алёше слова́рь.

1. Ира: Па́па, купи́ мне велосипе́д.

_____

2. Анто́н: Та́ня, покажи́ мне но́вый текст.

_____

3. Ма́ша: Ма́ма, купи́ мне карандаши́.

_____

4. Оля: Ната́ша, напиши́ мне письмо́.

_____

5. Игорь: Ба́бушка, прочита́й мне ска́зку (tale).

_____

Part C

EXERCISE 7.   Fill in the blanks with the appropriate personal pronoun. Remember that на́до is used with dative case.

1. Игорь хо́чет стать чемпио́ном по те́ннису. _____ на́до мно́го занима́ться спо́ртом.

2. Ира хо́чет прочита́ть э́тот текст. _____ на́до посмотре́ть все но́вые слова́ в словаре́.

3. Моя́ подру́га сейча́с в Пари́же. _____ на́до написа́ть ей письмо́.

4. У меня́ есть брат. В суббо́ту ему́ бу́дет 16 лет. _____ на́до купи́ть ему́ пода́рок.

5. У Ната́ши и Ко́сти па́па сейча́с в Та́ллине. _____ на́до написа́ть ему́ письмо́.

6. — Ве́ра Ива́новна, _____ на́до купи́ть э́ту газе́ту. В газе́те есть инте-ре́сные фотогра́фии.

EXERCISE 8.   Change the sentences below according to the model.

Ната́ша чита́ет текст.
— Ей на́до прочита́ть э́тот текст.

1. И́горь пи́шет письмо́.

_____

2. Та́ня у́чит слова́.

_____

3. О́ля и И́ра чита́ют журна́л.

_____

4. Анто́н де́лает дома́шнее зада́ние.

_____

5. Ба́бушка покупа́ет цветы́.

_____

6. Ма́ша реша́ет зада́чи.

_____

EXERCISE 9.   Replace the specific time with a more general expression.

В 8 часо́в утра́ Анто́н де́лал гимна́стику.
— Утром Анто́н де́лал гимна́стику.

1. В 7 часо́в ве́чера мы смотре́ли телеви́зор.

_____ мы смотре́ли телеви́зор.

2. В 11 часо́в утра́ мы игра́ли в футбо́л.

_____ мы игра́ли в футбо́л.

3. В 2 часа́ дня мы бы́ли на по́чте.

_____ мы бы́ли на по́чте.

4. В 10 часо́в ве́чера мы слу́шали му́зыку.

_____ мы слу́шали му́зыку.

5. В 4 часа́ дня мы бы́ли в магази́не.

_____ мы бы́ли в магази́не.

EXERCISE 10.   Complete each sentence with an appropriate noun.

1. Большо́й теа́тр нахо́дится о́коло _____ .

2. Са́мый большо́й магази́н у нас в го́роде нахо́дится о́коло _____ .

3. О́коло _____ всегда́ мно́го дете́й.

4. Утром мы всегда́ собира́емся о́коло _____ .

5. Учи́тель стоя́л о́коло _____ и разгова́ривал с дире́ктором.

6. Все сиде́ли о́коло _____ и смотре́ли матч.

EXERCISE 11.   Complete the sentences below, and write the answers in this crossword puzzle.

Down:

1. Мне на́до написа́ть _____ .

2. Не у́тром, а _____ .

3. Не но́чью, а _____ .

4. На письме́ о́чень краси́вая _____ .

5. Я де́лаю гимна́стику _____ .

6. _____ я ничего́ не де́лаю.

7. Мне на́до _____ пода́рки.

The word that appears diagonally in the unshaded spaces is _____ .

EXERCISE 12.   Express the following in Russian.

1. "John, what did you do this morning?"

_____

"I played chess with a friend."

_____

2. "Igor, what did you do in class?"

_____

"We solved math problems."

_____

"How long did you work on the problems?"

_____

"I worked on them for three hours."

_____

"Did you solve all the problems?"

_____

"I solved eleven. I didn't solve three. I didn't have time."

_____

3. "Jane, what did you do yesterday evening?"

_____

"I was reading a book."

_____

"How long did you read?"

_____

"For an hour."

_____

"Did you finish your reading?"

_____

"Yes, I did."

_____

УРОК 20 (Двадцатый урок)

Review of Lessons 16—19.

EXERCISE 1.   Write sentences saying that the weather today is not the same as it was yesterday (**вчера́**). Remember to use the genitive in negative sentences.

1. Сего́дня снег.

_____

2. Сейча́с на у́лице дождь.

_____

3. Сего́дня моро́з.

_____

4. Сего́дня хоро́шее со́лнце.

_____

5. Сейча́с на у́лице ве́тер.

_____

EXERCISE 2.   Use **ле́то/ле́том, о́сень/о́сенью, зима́/зимо́й, весна́/весно́й,** as necessary.

1. — Я люблю́ _____ в Москве́, потому́ что у нас _____

хоро́шая пого́да: тепло́, температу́ра +25°.

— А я не люблю́ _____ , потому́ что у нас _____

о́чень жа́рко.

2. — У нас о́чень краси́вая _____ . Я смотрю́ и ви́жу кра́сные, ро́зовые,

жёлтые **ли́стья** (leaves). Это краси́во. _____ у нас не о́чень

хо́лодно на у́лице.

— А я о́чень не люблю́ _____ в Москве́, потому́ что _____

всё вре́мя идёт дождь, на у́лице хо́лодно и нет со́лнца.

---

3. — Мы е́дем в Москву́ _____ . Скажи́те, у вас хо́лодно _____ ?

— Когда́ как. Температу́ра мо́жет быть и +15° и -15°, но на у́лице мно́го со́лнца.

Все лю́бят _____ .

EXERCISE 3.　　　　Write all the forms of the verb **хоте́ть** plus a second verb in the infinitive form to form complete sentences, as shown in the example.

Я хочу́ игра́ть в футбо́л.

1. Мы_____

2. Ты_____

3. Вы_____

4. Он/Она́_____

5. Они́_____

EXERCISE 4.　　　　Use all the forms of the **занима́ться** with suitable nouns.

Я занима́юсь спо́ртом.

1. Мы _____

2. Они́ _____

3. Я _____

4. Вы _____

5. Она́ _____

6. Ты _____

EXERCISE 5.　　　　Put the words in boldface into the appropriate case forms.

спорт

1. Мы мно́го говори́м о _____ .

2. Я хочу́ занима́ться _____ .

3. Я люблю́ _____ .

4. _____ — э́то моя́ жизнь.

школа

1. Я учу́сь в _____ .

2. Утром я иду́ в _____ .

3. Около _____ есть парк.

4. До́ма мы говори́м о _____ .

5. Я люблю́ мою́ _____ .

6. Моя́ _____ нахо́дится о́коло университе́та.

подру́га

1. Я люблю́ игра́ть с _____ в ша́хматы.

2. До́ма я ду́маю о _____ . Сейча́с она́ в Ленингра́де. Я пишу́

_____ пи́сьма.

3. Я не ви́дела _____ 5 дней.

4. У _____ есть мотоци́кл.

EXERCISE 6.   Think about each statement. Then, answer using either **мно́го** or **ма́ло**.

1. Ка́ждый день Джон чита́ет 3 страни́цы по-ру́сски.   _____

2. Джон зна́ет 2000 слов.   _____

3. Ната́ша у́чит англи́йский язы́к 1 год, и она́ зна́ет 200 слов. _____

4. У Иры 4 сестры́ и 3 бра́та.   _____

5. Вчера́ И́горь посмотре́л 3 фи́льма.   _____

6. У меня́ в библиоте́ке 100 книг по исто́рии.   _____

7. Вчера́ Ко́стя реши́л 10 зада́ч по матема́тике.   _____

EXERCISE 7.

Complete the following sentences with the correct forms of the words in parentheses.

1. У Наташи мало _____ . (друзья́)

2. У дру́га мно́го _____ . (кни́ги)

3. У нас в го́роде мно́го _____ . (цветы́)

4. В Нью-Йо́рке мно́го _____ . (теа́тры)

5. В МГУ у́чится мно́го _____ . (студе́нты)

6. У меня́ мно́го _____ . (това́рищи)

7. Моя́ ба́бушка пи́шет мно́го _____ . (пи́сьма)

EXERCISE 8.

Find the word that best fits each sentence. Then write it in the correct form.

1. По́сле _____ я реши́л поступи́ть в медици́нский институ́т.   матч

2. По́сле _____ я о́чень хоте́л идти́ в шко́лу.   теа́тр

3. По́сле _____ мы е́дем в центр.   кани́кулы

4. По́сле _____ мы говори́ли об анса́мбле.   шко́ла

5. По́сле _____ мы не хоте́ли идти́ домо́й.   уро́к

6. По́сле _____ я то́же реши́л занима́ться спо́ртом.   конце́рт

EXERCISE 9.

Write in personal pronouns (**я, ты, он**... or **мне, тебе́, ему́**...) in the appropriate case depending on the meaning of each sentence.

1. _____ на́до занима́ться спо́ртом. _____ не хо́чет занима́ться спо́ртом.

2. _____ на́до мно́го рабо́тать. _____ не хотя́т мно́го рабо́тать.

3. _____ не хоти́те идти́ на конце́рт? _____ на́до идти́ на конце́рт.

4. _____ хоти́м гуля́ть. _____ на́до гуля́ть.

5. _____ не хо́чешь идти́ в магази́н? _____ на́до купи́ть пода́рки.

6. _____ хочу́ купи́ть ма́рки. _____ на́до написа́ть письмо́.

EXERCISE 10.　　　　Complete the sentences below, using the verbs in the right-hand column.

_____ меня.	
_____ тебя.	
Олег _____ его (её).	видеть
_____ нас.	любить
_____ вас.	спорить
_____ их.	думать
	знать
_____ обо мне.	спрашивать
_____ о тебе.	читать в газете
Надя _____ о нём (о ней).	говорить
_____ о нас.	
_____ о вас.	
_____ о них.	

EXERCISE 11.　　　　Finish these sentences using either **потому что** or **поэтому** as needed.

1 Джон мно́го занима́ется ру́сским языко́м, _____ он хо́чет

рабо́тать диплома́том.

2. Осенью у нас иду́т дожди́, и _____ я не люблю́ о́сень.

3. Я не вы́учил все слова́, _____ пло́хо написа́л конт-

ро́льную рабо́ту.

4. Ри́та не вы́учила стихотворе́ние, _____ ве́чером

три часа́ смотре́ла телеви́зор.

5. Мы бы́ли в музе́е то́лько оди́н час, _____ что у нас

бы́ло ма́ло вре́мени.

6. Я о́чень люблю́ Че́хова, _____ я люблю́ смотре́ть

в теа́тре спекта́кли «Три сестры́» и «Дя́дя Ва́ня».

EXERCISE 12.   Write in the missing vowels.

1. н ... п ... с ... т ь

2. з ... д ... ч ...

3. х ... т ... т ь

4. ... н с т ... т ... т

5. к ... н ... к ... л ...

6. п ... к ... п ... т ь

7. п ... д ... р ... к

8. ... к з ... м ... н

9. з ... м ... й

10. п ... г ... д ...

11. п р ... ч ... т ... т ь

12. п ... с т ... п ... т ь

13. м ... д ... ц ... н с к ... й

14. в ... с н ... й